Couverture inférieure manquante

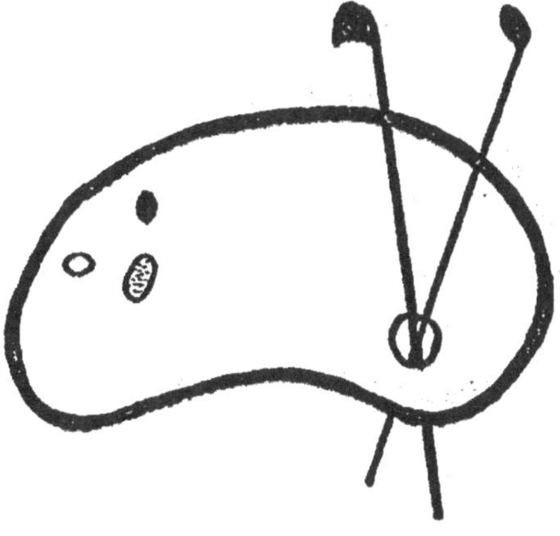

DEBUT D'UNE SERIE DE DOCUMENTS
EN COULEUR

RECTIFICATIONS
ET ADDITIONS

A onze Monographies de Paroisses de l'abbé MASSELIN

Saint-Pois — Le Mesnil-Adelée — Coulonvray — Boisyvon — Brécey — Le Grand-Celland — La Chapelle-Urée — Reffuveille — Montigny — Chasseguey — Le Mesnil-Thébault.

PAR

M. Alfred de TESSON

Président de la Société d'Archéologie d'Avranches et de Mortain

AVRANCHES

IMPRIMERIE TYPOGRAPHIQUE & LITHOGRAPHIQUE DE JULES DURAND

Rues Boudrie, 3, & Quatre-Œufs, 24

1897

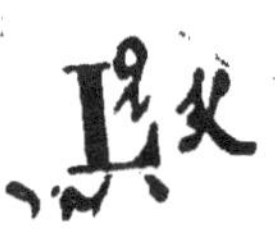

Certifié conforme pour 30 exemplaires

et l'imprimeur

Durand

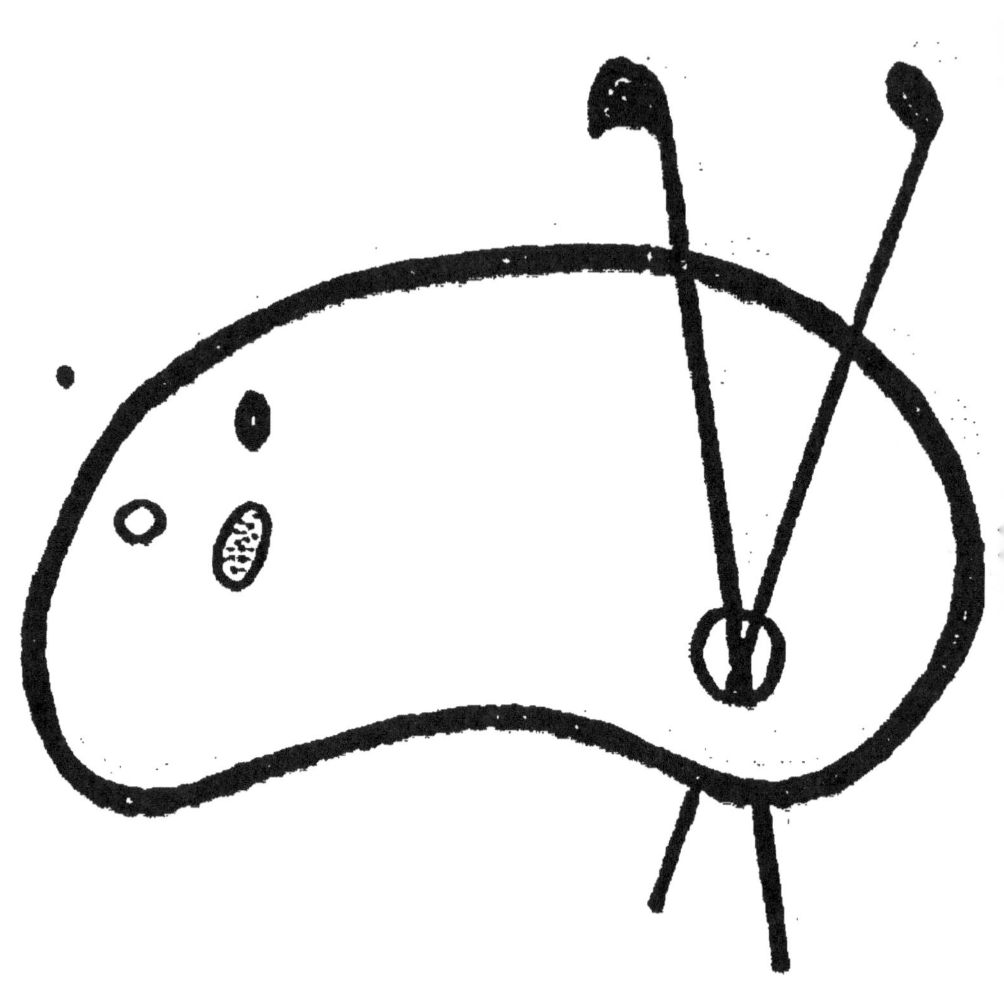

FIN D'UNE SERIE DE DOCUMENTS
EN COULEUR

RECTIFICATIONS ET ADDITIONS

A onze Monographies de Paroisses de l'abbé MASSELIN

Saint-Pois — Le Mesnil-Adelée — Coulouvray — Boisyvon — Brécey — Le Grand-Celland — La Chapelle-Urée — Reffuveille — Montigny — Chasseguey — Le Mesnil-Thébault.

PAR

M. Alfred de TESSON

Président de la Société d'Archéologie d'Avranches et de Mortain

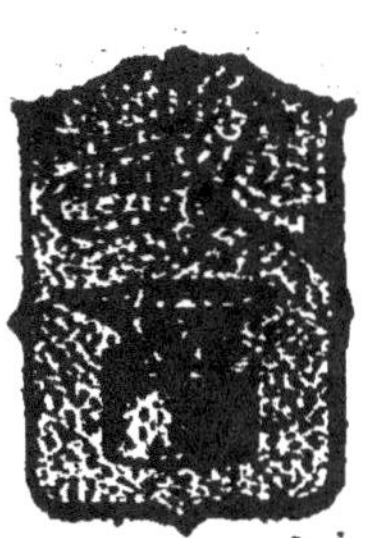

AVRANCHES

IMPRIMERIE TYPOGRAPHIQUE & LITHOGRAPHIQUE DE JULES DURAND

Rues Boudrie, 2, & Quatre-Œufs, 24

1897

RECTIFICATIONS ET ADDITIONS

A onze Monographies de Paroisses de l'abbé Masselin [1]

Saint-Pois — Le Mesnil-Adelée — Coulouvray — Boisyvon — Brécey — Le Grand-Celland — La Chapelle-Urée — Reffuveille — Montigny — Chasseguey — Le Mesnil-Thébault.

SAINT-POIS, *olim* Saint-Pair-le-Servain

TOME X DES *Mémoires*, P. 275

Dans sa généalogie de la famille d'Auray, p. 279 à 281, l'abbé Masselin a fait de Béatrix de Vauloger, la belle-mère de Marguerite d'Aché dont elle était au contraire la bru. Cette généalogie doit être rectifiée et complétée ainsi qu'il suit :

---

[1] M. l'abbé Etienne Masselin est mort curé de Saint-Brice-près-Avranches, le 12 mars 1897, dans sa 68e année. — Voir notre notice nécrologique dans la *Revue de l'Avranchin*, Tome VIII, p. 335 à 337. — Nous ne relevons guère dans ses Monographies que ce qui ne so trouve pas d'accord avec ce que nous avons nous-même écrit autre part. N'ayant plus, hélas ! la crainte de le désobliger, on comprendra que nous tenions à fournir d'abondantes preuves que nous n'avons rien avancé à la légère et sans être très fortement documenté.

I. — Jean I d'Auray épouse, en 1449, Jeanne de Meullent, baronne de Saint-Pair-le-Servain, descendante de Henri Ier, roi de France (1).

II. — Jean II d'Auray, baron de Saint-Pair-le-Servain, marié en 1487, à Marguerite d'Aché.

III. — Jacques d'Auray, baron de Saint-Pair-le-Servain, marié en 1519 à Béatrix de Vauloger, descendante de Saint-Louis (2).

IV. — Beuves d'Auray, chevalier de l'ordre du Roi, gentilhomme ordinaire de sa chambre, baron de Saint-Pair-le-Servain, Montjoie, Beaumoncel (3), Le Moustier, des Abbayes (4), et de plusieurs autres terres et seigneuries, marié en 1574 à Jeanne du Mesnildot, dont deux fils seulement paraissent dans la Recherche de Chamillart, p. 98 et 99 :

1° V. — Georges d'Auray, baron de Saint-Pair-le-Servain, marié en 1621, à Madeleine de La Luzerne, qui continue la branche de Saint-Pois ;

2° V. — Odet d'Auray, sieur des Abbayes, à La Chaise-Baudouin, marié par traité du 20 juin 1632, passé à Mortain, à Léonore de Tesson, fille de noble homme Jean Tesson, seigneur et patron de Reffuveille, de La Mancellière, Bois-Ambroise, d'Asnières et autres terres et seigneuries, Conseiller et Avocat pour le Roi au bailliage et vicomté de Mortain et de damoiselle Anne du Mesnil, dame du Pont, de la Gondinière et autres terres et seigneuries (5).

---

(1) *Le sang royal de France* par C. Freston dans *l'Armorial Français* de 1892, par M. S. de Morthomier (A. d'Audeville), p. 189.

(2) Généalogie de Vauloger dans *Le Bulletin héraldique de France* de 1890, col. 573, 574, 575.

(3) Beaumoncel en Montjoie près de Saint-Pois.

(4) Le Moustier, aujourd'hui le Presytère, et Les Abbayes, à La Chaise-Baudouin, dans le canton de Brécey.

(5) Nous avons relevé exactement les titres de Beuves d'Auray, de Jean Tesson et de sa compagne, dans la teneur dudit traité de mariage du 20 juin 1632.

Le Bois-Ambroise et Asnières, fiefs de la paroisse de Reffuveille.

Le Pont et La Gondinière, terres de la paroisse de Montigny.

Voir notre Monographie de La Mancellière, p. 83, où, au premier §, il faut lire petit-fils, au lieu d'arrière-petit-fils.

Trois enfants de cette dernière union figurent dans la Recherche de Chamillart :

1° VI. — Charles d'Auray, sieur des Abbayes, demeurant à Coulouvray, marié en 1664, à Elisabeth Danjou ;

2° VI. — Nicolas d'Auray, demeurant à La Chaise-Baudouin ;

3° VI. — Beuves d'Auray, même résidence.

Chamillart reconnut encore la noblesse de Pierre d'Auray, sieur de la Fouasserie, aux Cresnays, demeurant paroisse de Cuves, fils de René et de Marguerite Tesson, unis en 1612. Ledit René, fils de François, demeurant aux Cresnays et reconnu par Roissy, le 6 février 1599, comme fils de Lancelot, sieur des Landes en Brécey.

LE MESNIL-ADELÉE

TOME XI DES Mémoires, P. 311

L'abbé Masselin a commis plusieurs graves erreurs au sujet de la seigneurie du Mesnil-Adelée. Il dit, p.313 à 315 :

« Jean de Poilvilain, seigneur et patron du Mesnil-Adelée,
» de la Boulouze et des Cresnays, Conseiller du Roi, bailli
» de Mortain de 1652 à 1669, habit it quelquefois Le Mesnil-
» Adelée, mais plus souvent Mortain. Il était mort avant 1674.
» Son fils Georges était seigneur des Cresnays, et la seigneurie
» du Mesnil-Adelée était passée alors à Germain Caillot, venu
» depuis peu des environs de Bayeux. Germain Caillot eut
» pour fils Gabriel-Philippe Caillot, écuyer, qui fut seigneur
» du Mesnil-Adelée. Il épousa en 1726 Michelle Lebigot, mais
» il mourut sans postérité, en sorte que la seigneurie de la
» Frictière et du Mesnil-Adelée retourna du côté de sa sœur,
» Suzanne Caillot, mariée à Robert Tesson, seigneur de La
» Mancellière, et passa ainsi dans la famille Tesson, qui la
» conserva jusqu'en 1790. »

« L'autre partie du fief du Mesnil-Adelée resta dans la
» famille du Mesniladelée. Vers 1550, elle appartenait à Ri-

» chard du Mesniladelée ; mais la famille du Mesniladelée avait
» quitté la paroisse depuis déjà plus d'un siècle. . . . . .
. . . .

« Au temps de la Recherche de Chamillart, 1666, il exis-
» tait encore trois branches de cette famille dans le diocèse
» d'Avranches............ Ce fut la branche de Saint-Quentin
» qui conserva la seigneurie du Mesnil-Adelée. Mʳ du Mesnil-
» adelée de Saint-Quentin, était encore avec M. Tesson de
» la Mancellière, seigneur et patron du Mesnil-Adelée en 1764,
» on le voit sur les cahiers contenant les procès-verbaux des
» visites faites en cette année dans l'archidiaconé de Mortain par
» Louis-Philippe de Saint-Germain. »
« Quoique la seigneurie et le patronage fussent partagés, il
» semble que le droit de présentation ne l'était pas dans les
» derniers temps. Ce droit de présentation n'est, en effet,
» exercé depuis 1612, que par les familles de Poilvilain, Caillot
» et Tesson. »

Jean de Poilvilain, seigneur et patron du Mesnil-Adelée et
de la Boulouze, Conseiller du Roi et vicomte de Mortain, ne
pouvait pas être en même temps, comme le dit l'abbé Masselin,
seigneur des Cresnays, puisque, le 2 février 1658, il échangea
précisément sa seigneurie du Mesnil-Adelée contre celle des
Cresnays, appartenant depuis quelques jours seulement à Jean
Caillot, sieur des Vallées, père de Germain Caillot, sieur de la
Frictière, seigneur et patron présentateur unique, hâtons-nous
de le dire, de la paroisse du Mesnil-Adelée, nommé en 1652
Receveur des tailles alternatif de l'élection de Mortain, Conseiller du Roi.

Ledit Germain Caillot épousa, en premières noces, Léonore
Legeard de la Bélouzerie (1), au Mesnil-Adelée.

Le 6 juillet 1690, il maria sa fille Susanne, issue de ce
premier lit, avec Robert Tesson, écuyer, seigneur et patron de
La Mancellière.

------

(1) Le manoir de la Bélouzerie est situé à un demi-kilomètre au
nord de l'emplacement de l'ancien manoir seigneurial.

Sur leur contrat de mariage, en date du 27 juin précédent, on voit que Germain Caillot avait alors pour seconde femme, Marie-Marguerite Le Mouton (1), dont sortirent Gabriel-Philippe Caillot, qui, à part celui de sieur de la Frictière, eut les mêmes titres de seigneurie et de fonctions (2) que son père, et Renée-Agnès Caillot, épouse de Brice des Landes.

Outre ces deux sœurs mariées, Gabriel-Philippe Caillot en avait deux autres, dites dames de la Frictière, religieuses Ursulines à Vire. Comme sur une pièce où elles sont mentionnées, il est parlé d'une sentence obtenue, à la date du 19 octobre 1703, par Guillaume Bourdon, baillif haut justicier de Caligny, nous pensons que la Frictière des Caillot est bien celle de cette commune de Caligny, dans le canton de Flers, arrondissement de Domfront (Orne); mais nous n'avons pas d'autre indice (3).

Le 17 août 1752, par suite de la mort dudit Gabriel-Philippe Caillot, sans postérité, la seigneurie du Mesnil-Adelée fut partagée entre Gabriel-Michel-Tesson, seigneur de la Mancellière, petit-fils de Susanne Caillot, sa sœur aînée ou demi-sœur, et Renée-Agnès Caillot, veuve des Landes, sœur puînée du défunt. Celle-ci eut pour fille unique Françoise-Renée-Thérèse, dame Guesnon du Voulge, et pour petite-fille également unique Gabrielle-Françoise, épouse en 1763 de René-Gabriel Doynel, comte de Saint-Quentin, Quincey, etc. (4)

---

(1) Sur ledit contrat figurent Nicolas Le Mouton, écuyer, sieur de la Jossière, et Georges Le Mouton, écuyer, sieur de Belemlos (sic).

(2) Il eut pour successeur dans sa charge, en 1751, son neveu, Etienne-Julien Tesson, sieur de la Vieuville.

(3) Cette terre de la Frictière appartenait, à la fin du siècle dernier, aux d'Oilliamson, seigneurs de Caligny. Sous la tour de l'église du Mesnil-Adelée se trouve la pierre tumulaire du maréchal-de-camp d'Oilliamson, major général de l'armée de Frotté. Grièvement blessé dans l'une des dernières rencontres qui précédèrent la pacification de notre pays, il s'était réfugié dans l'une des fermes du Mesnil-Adelée. Surpris par une patrouille républicaine, il fut aussitôt passé par les armes, sans jugement, en novembre 1799. (Hipp. Sauvage. *Annuaire de la Manche* de 1845, p. 30).

(4) Manuscrits du Docteur Cousin à la Bibliothèque d'Avranches : Tome XV, p. 107. — Le 19 mars 1760, Gilles Guesnon du Voulge,

L'abbé Masselin a donc confondu et pris les Doynel de
Saint-Quentin, seigneurs en partie du Mesnil-Adelée, pour des
du Mesniladelée, de Saint-Quentin, nullement seigneurs du
Mesnil-Adelée.

La seigneurie du Mesnil-Adelée n'appartint plus à la famille
de ce nom depuis environ l'an 1381, qu'il est fait mention de
Richard Carbonnel, époux d'Agnès du Mesniladelée (Manuscrit
de Julien Pitard). Cette paroisse passa du comté de Mortain
dans le vicomté d'Avranches.

Par suite du partage de 1752, Gabriel-Michel Tesson devint
seigneur en première partie et patron présentateur *alternatif* du
Mesnil-Adelée. Mais, contrairement à ce qu'en pensait l'abbé
Masselin, les de Poilvilain et les Caillot eurent successivement
cette seigneurie et ce patronage en leur entier.

Dans ce partage il n'est pas question, comme le dit encore
l'abbé Masselin, de la Frictière, mais de la Biqueterie d'Avran-

---

seigneur du Boi-Josselin au pays du Maine et *du Mesnil-Adelée en
partie*, conseiller du Roi, receveur des tailles ancien et alternatif de
l'élection d'Avranches, mourut à l'âge d'environ 72 ans, à Avranches,
dans la maison qui est la première de la rue Sauguière, à main
gauche en allant de devant la porte Baudange au couvent des religieuses, et fut inhumé le lendemain, dans l'église Notre-Dame-des-
Champs d'Avranches.

Tome XVI, p. 112. — Le mardi 22 novembre 1763, René-Gabriel
Doynel, chevalier, seigneur comte de Saint-Quentin, Quincey, capitaine de cavalerie au régiment de Condé, fils de feu Gabriel Doynel,
comte de Montigny, et de feue Catherine-Marie-Antoinette du Bois de
Saint-Quentin, épousa dans l'église Notre-Dame-des-Champs, à
Avranches, Marie-Gabrielle-Françoise Guesnon du Voulge, dame du
Luot et autres lieux, fille de Gilles Guesnon, sieur du Voulge, seigneur du Bois-Josselin et autres lieux, receveur ancien et alternatif
des tailles de l'élection d'Avranches, et de Françoise-Renée-Thérèse
des Landes, *dame* du Bois-Josselin et *du Mesnil-Adelée* (en partie).

Tome XVIII, p. 49. — La seigneurie du Luot est maintenant (1773)
possédée par René-Gabriel Doynel, chevalier, seigneur de Saint-
Quentin, au droit de feue Marie-Gabrielle-Françoise Guesnon du
Voulge, sa femme, *fille unique et héritière* de Gilles Guesnon, sieur
du Voulge, receveur des tailles d'Avranches, qui l'avait acquise de
M. de Launay, président de l'élection de Pont-l'Evêque, et du second
des trois fils de Henri de Launay, son frère aîné, conseiller en la
cour des Monnoyes de Paris.

ches, créée par le célèbre chanoine Caillot, frère dudit Germain, et pour laquelle, étant saisie en décret et passée par adjudication, il fallait attendre la mainlevée dudit décret.

Tout ce que nous avons dit de la seigneurie du Mesnil-Adelée dans notre *Monographie de la Mancellière*, p. 87, 88, est rigoureusement exact.

Il ne reste rien du manoir seigneurial du Mesnil-Adelée, qui était situé à l'est et près de l'ancienne église, brûlée en 1837, et dont l'emplacement est indiqué par le cimetière actuel. Contrairement à l'opinion du curé de cette paroisse, le mur de clôture et la demi-tourelle de ce cimetière ne sont pas des vestiges de cet ancien manoir.

MM. Louis-Auguste et Jean-Baptiste-Marie de Tesson de la Mancellière, fils de Gabriel-Michel, seigneur du Mesnil-Adelée, rachetèrent, en 1802-1803, leurs terres de la Basse et de la Haute Broïse, au Mesnil-Adelée, qui avaient été vendues comme biens nationaux provenant d'émigrés, l'an troisième de la République (1795), par les membres du Directoire du District de Mortain, alors composé de Becherel, *Président,* Bource, Poulain la Croix, Esnoul, Vaullegeard, Bernard, Poulain des Cours, Debrécey-Brisolière, Béchet, Heurtaut, Josset et Meslay, *Administrateurs,* accompagnés du citoyen Pallix, *Agent national.*

Bien que les Caillot, seigneurs du Mesnil-Adelée, prissent ordinairement le titre d'écuyer, nous n'avons pu découvrir leur anoblissement. Charles-René d'Hozier, qui donna d'office des armes à Germain Caillot, ne lui décerne pas ce titre d'écuyer. L'anoblissement, s'il a été accordé, serait donc postérieur à l'année 1697. D'après les manuscrits du docteur Cousin, les Caillot du Mesnil-Adelée avaient d'autres armoiries que celles délivrées par ledit Ch.-R. d'Hozier. Voir notre Armorial, p. 124, 125, n° 10.

« Tant que se maintint en France un vestige de féodalité, » c'est-à-dire jusqu'à la Révolution, on vit, malgré les édits, » les arrêts et les recherches, des non-nobles s'introduire dans » les rangs de la noblesse légale par la simple possession d'un » fief. »

« En dépit de toutes les défenses, la coutume primitive de » l'anoblissement par le fief s'est maintenue en tout temps dans

» la France entière, sous des apparences plus ou moins dissi-
» mulées. » (*L'organisation féodale*, p. 39 et 40).

Cela est si vrai qu'en 1789 des non-nobles participèrent,
comme possesseurs de fiefs, aux Assemblées de la Noblesse.

Les huit quartiers ou lignes ascendantes d'Adrien-Charles-
Germain de Tesson, chevalier de Malte, présenté de minorité
en 1787, étaient : Tesson ; Caillot ; de la Chambre ; Guesdon ;
Daguin de Launac ; de la Rûe ; Le Grand de Vaux ; et de Blair.
La mère du présenté posa au président d'Hozier la question de la
noblesse des Caillot dont elle doutait. La réponse serait intéres-
sante à connaître. Les Caillot, comme les Guesdon (1), figu-
raient dans le Grand Armorial général de France. Cela devait
suffire apparemment, car après examen du Mémorial dudit
Adrien de Tesson, la vénérable Langue de France trouva que
tous les degrés de la ligne paternelle étaient prouvés par les
meilleurs titres. Il est vrai que de ce côté l'on faisait la preuve
rigoureuse de plus de trois cents ans de noblesse au lieu du
centenaire seulement exigé avec les huit quartiers des bisaïeuls.

COULOUVRAY

Tome XI des *Mémoires*, p. 321

L'abbé Masselin dit à la page 323 :

« En 1458, Raoul Gallouin acquit la seigneurie du Mesnil-
» Tôve et de Coulouvray, et les Gallouin la conservèrent pen-
» dant tout le xvie siècle. Ils prenaient le titre d'écuyer, mais
» ce titre fut contesté, en 1599, par Roissy, à Jean Gallouin,
» seigneur du Mesnil-Tôve et de Coulouvray. Dans le xviie
» siècle, la seigneurie du Mesnil-Tôve passa aux de Cheverue.

---

(1) Les Guesdon de Beauchesne étaient nobles en 1787, mais point,
que nous sachions, leurs collatéraux, alliés aux de la Chambre. Voir
notre Armorial, p. 176, 177, 178, 179, nos 61 et 63, et notre Monographie de La Mancellière, p. 153.

» Mais, à cette époque, celle de Coulouvray en fut séparée et
» passa, nous ne savons de quelle manière, dans la famille
» Danjou. Cette famille d'ancienne noblesse n'était pas ori-
» ginaire du pays. Elle était venue de l'élection de Caen, où
» Montfault trouva noble, en 1463, Girot Danjou, ou
» d'Anjou. »

Les Gallouin furent anoblis en 1463 et payèrent aux Comptes,
le 21 mars, la taxe de leur anoblissement.

Roissy ne contesta jamais audit Jean Gallouin son titre d'é-
cuyer. Voici textuellement l'article de celui-ci dans sa Recherche,
le 23 janvier 1599 à Vire :

« Jean Gallouin, s^r du Mesnil-Tove et Coulouvray, demeu-
» rant au Mesnil Tove, sergenterie Roussel, élection de Mor-
» tain, justifiera dans quinzaine. »

L'abbé Desroches le cite dans son *Histoire de l'ancien Diocèse
d'Avranches,* Tome II, p. 223, au nombre des seigneurs illustres
par leur naissance, leur courage et leur attachement à la reli-
gion. Le chanoine Pigeon dit, p. 555 de son *Diocèse d'Avranches,*
qu'il fut un ligueur redoutable et capable de tenir tête aux
protestants les plus avancés. Cet auteur reproduit un rapport
contre lui, déjà paru dans l'*Inventaire sommaire des Archives
départementales de la Manche,* série A, p. 103, cahier 595, et il
ajoute : « C'est ainsi que les ligueurs se vengeaient de leur
défaite à Avranches, en attaquant les terres et les personnes
soumises à l'autorité du comte de Montpensier, vainqueur des
catholiques. »

Il résulte de ce rapport, répond l'abbé Masselin dans une
note restée inédite, que Jean Gallouin gêna fort le duc de
Montpensier et ses partisans; mais on peut en croire par ailleurs ce que l'on voudra. Ce rapport sent fort le protestantisme
et la manière de dire des protestants. Toutes les accusations, si
graves qu'elles soient, sont générales. Où sont les vieillards
inoffensifs percés à coups d'épées, les gens pourfendus en plein
marché ? L'auteur du rapport se garde bien de citer un seul fait
particulier. Ces morceaux d'éloquence pleurarde n'ont aucune
valeur historique. Nous ne prétendons pas dire que Jean Gallouin n'ait commis aucun excès. Il y en a toujours dans ces
guerres civiles; mais les protestants n'en commettaient-ils

point ? Quand, en pleine paix, le sieur Sourdeval, envoyé simplement pour présider à la démolition des fortifications du château de Juvigny, pille le château, en enlève les meubles, le ravage et en démolit une partie, on a peine à trouver qu'il a tort. Il y avait donc, alors comme aujourd'hui, deux poids et deux mesures.

D'Aligre, dans sa Recherche de 1634-35, cite au Mesnil-Tôve : Robert Gallouin, fils Sébastien, fils Jean, fils Pierre, fils Thomas Gallouin. *(Le Diocèse d'Avranches* par le chanoine Pigeon, p. 562).

Voir notre *Monographie de la Mancellière,* p. 151, 152.

Voici, d'après le manuscrit de Julien Pitard, article Gallouin, comment la seigneurie de Coulouvray passa aux Danjou :

Robert Gallouin, seigneur du Mesnil-Tôve et Coulouvray, mourut sans enfants de Louise de Crux, sa femme, qu'il avait épousée en 1640. Il eut pour héritière N. Gallouin, sœur de son père, mariée à N. Le Chevalier [sieur du Clos-Fortin, près Vire (1)], auquel elle porta le Mesnil-Tôve et Coulouvray. De cette union vinrent deux filles : Louise Le Chevalier, dame du Mesnil-Tôve, femme de Jacques Sonnet, sieur de la Court-Orenge, et Jeanne Le Chevalier, dame de Coulouvray, femme de Louis Danjou, sieur de la Maheudière.

Non seulement les Danjou n'étaient pas d'ancienne extraction, comme le prétend l'abbé Masselin, mais Julien Pitard conteste même leur noblesse, bien à tort du reste, car voici leur article dans l'*Etat des Anoblis en Normandie* par l'abbé Lebeurier, archiviste de l'Eure :

N° 1146. Louis Danjou, sieur de la Maheudiere, de S⟨t⟩ Martin de Mambray (Montbray), a obtenu lettres d'anoblissement données à Paris en décembre 1655, vérifiées en la chambre des Comptes le 4 juin 1659 et en la cour des aides le 10 février 1657.

Il est vrai, pour excuser Pitard, que les Danjou ne figurent pas dans la Recherche de Chamillart.

Quant au soi-disant Girot Danjou ou d'Anjou, trouvé noble

---

(1) Le Mesnil-Tôve par M. Hipp. Sauvage dans l'*Annuaire de la Manche* de 1885, p. 34.

par Montfault, en 1463, suivant l'abbé Masselin, il s'agit en réalité de Girot d'Ajon, de Banneville-sur-Ajon, sergenterie d'Evrecy, élection de Caen, n° 50. Suivant l'abbé de la Rue, Jean et Mathieu d'Ajon étaient seigneurs de Banneville-sur-Ajon en 1404 et 1499. — Voir notre Armorial, p. 84, 85, n° 1ᵉʳ.

BOISYVON

Tome XI des *Mémoires*, p. 341

P. 342 : « Seigneurs de Boisyvon. »
L'abbé Masselin n'a point distingué, comme Julien Pitard, entre Boisyvon ancien et Boisyvon moderne. Voici les deux articles de l'historien feudiste du Mortainais :

DE BOIS YVON ancien

L'armorial de Normandie publié par le curé de Manneval dit : M. de Boisyvon : *palé d'argent et d'azur de six pièces, à la bande de gueules.* Entre les nobles reconnus ; ar Montfaut dans l'élection d'Avranches, on trouve Colin et Guillaume de Boisyvon ; ce sont les anciens.

La seigneurie de Boisyvon dont ils portaient le nom est hors cette vicomté (de Mortain), et il y a longtemps que ces anciens ne la possèdent plus ; car on voit un aveu rendu à Pierre Gautier, écuyer, seigneur de Boisyvon, le 19 décembre 1412 ; mais, depuis, cette terre a passé par achat dans la maison des nommés Jallot.

DE BOIS-YVON moderne
Aliàs Jallot

Ce sont ces nommés Jallot qui ont donné commencement à la nouvelle race de Bois-Yvon qui subsiste aujourd'hui et qui a possédé environ cent ans le fief des Essarts et la seigneurie de

Saint-Martin-le-Bouillant, dans le comté de Mortain, qui furent rendus à noble Samson de Boisyvon par noble seigneur messire Jacques de Carbonnel, seigneur de Chasseguey, par le prix de 4.750 écus sol et 200 écus de vin, suivant le contrat du 6 août 1594, et ont passé par décret, ces dernières années, avec leurs autres terres. Dans les titres de la maison dont l'inventaire fut fait par autorité de justice en conséquence de ce décret, on parle d'une charte du 10 septembre 1471 par laquelle Jean Jallot, sieur de Fontenermond, et ses enfants nés et à naître, sont anoblis et jouiront des privilège et honneurs de noblesse, et d'une information faite en conséquence, il y eut aussi changement de nom de Jallot en celui de Bois-Yvon.

Ces derniers de Boisyvon portent pour armes : *Palé d'argent et d'azur de six pièces*, c'est-à-dire qu'ils ont repris les armes des anciens, plaines et sans brisure.

Voir notre Armorial, p. 68, 69, 71, 154, 155.

BRÉCEY

Tome XI des *Mémoires*, p. 367

L'abbé Masselin dit, p. 374 et 375 : « que le fief de Brécey » était tenu pour un quart de fief de Haubert ; qu'il s'étendait » dans le Grand-Celland et y formait un membre de fief ; que » ce membre de fief donnait droit à la présentation de la cure » du Grand-Celland et que ce droit fut toujours exercé par les » seigneurs de Brécey. »

C'est une profonde erreur. Jamais les seigneurs de Brécey, du nom de Brécey, ni même leurs successeurs, les d'Amphernet, si ce n'est durant une seule année, ne furent patrons présentateurs du Grand-Celland. Il faut descendre aux derniers seigneurs de Brécey, c'est-à-dire aux de Vassy, pour les trouver, à partir de 1594, en possession de ce patronage effectif.

Le fief de Brécey en Brécey et Celland, quart de Haubert, ne comprenait, dans cette dernière paroisse du Grand-Celland, que deux aînesses sur onze : celles de la Chênellière et de la Touverie, à la limite de Brécey (1).

Le fief de Celland en Celland, qui donnait le patronage de la paroisse du Grand-Celland et le droit de présenter au bénéfice-cure, se composait :

du Domaine de la Sourdière en maisons, jardins, prés, landes, bruyères, bois et terres labourables, où il y avait un bois contenant 18 à 20 acres, sujet à tiers et danger (2) ;

du moulin Richard ou de Celland et d'un autre moulin signalé comme étant en ruine dès l'an 1496,

et des quatre aînesses du Coudray, de La Dodemanière, de La Vaisinière et du Champ-Meslier et Le Tertre (3).

Julien Pitard dit dans son manuscrit que Raoul de Celand, second fils de Guyon de Celand, eut le fief de Celand ou de la Sourdière, dont dépend le patronage de l'église.

Les seigneurs connus de Celand-Sourdière, qui vinrent ensuite, sont : Fleury ou Flourie et Fauquet ou Fouquet ;

« 1/6 de fief, en St Médard de Celland, à Richard Fleurye ;
» ledit écuyer présentait à la cure, 1401 (*Annales civiles et*
» *militaires du pays d'Avranches* par l'abbé Desroches, p. 333).

» SAINT-MÉDARD DE CELLANT, fief en la vicomté de Mortaing.
» Aveu en janvier 1412 par Laurent Flourie. » (*Dictionnaire des fiefs de Normandie* par Brussel, conservé aux Archives nationales sous la cote PP. 24, p. 200).

« Le 27 août 1496, Pierre Fauquet, écuyer, confirme et
» avoue tenir par foy et hommage, un quart de fief de Haubert

---

(1) *Archives de la Manche.* A. 895. 18e siècle.

(2) *Tiers et danger :* c'était un droit ou plutôt deux droits, quoiqu'ils paraissent n'en faire qu'un, qui, dans notre province, appartenaient au Roi ou à quelques seigneurs sur les bois possédés par leurs vassaux. Le tiers était la tierce partie du bois vendu ou du prix de celui-ci ; le danger, la dixième du même prix. Autrement dit, dans un bois sujet au tiers et danger, de 30 portions, le Roi ou le seigneur en prenait 13.

(3) *Archives de la Manche.* A. 895. 18e siècle.

» tenu à gage plège (1), cour et usage (2), assis en la paroisse de
» Saint Médard de Celland en la vicomté de Mortain. A cause
» duquel fief le patronage et droit de présenter à l'église dudit
» lieu de Celland lui appartient toutesfois et quantes que le
» cas s'offre et que le patronage échet vacant ; en quel fief il y
» a un manoir appelé la Sourdière avec domaines, terres labou-
» rables, landes, brières, bois, jardins et autres terres ». *(Archives
départementales de la Manche*, Registre A 288, folio 165. N° 1643).

Si, comme le prétend l'abbé Masselin, les seigneurs de Brécey, qui furent successivement les de Brécey, les d'Amphernet
et les de Vassy, avaient eu de tout temps le droit de présenter
à la cure du Grand-Celland, ils n'auraient pas été obligés par
deux fois d'acheter ce droit.

La première fois, le 23 septembre 1555, ce furent les d'Amphernet qui l'acquirent des Fauquet ; mais dès l'année suivante,
c'est-à-dire le 14 septembre 1556, les d'Amphernet furent
obligés, sur clameur féodale, de le rendre aux Tesson, proches
parents des Fauquet. *(Archives de la Manche.* A. 980. Contre-
dits, etc.)

La seconde, le 20 juin 1594, ce furent les de Vassy qui
l'achetèrent, bien définitivement cette fois, des Tesson :

« A tous ceulx qui ces lettres verreront Francoys le Vicomte
» sieur de La Mondeguerrière, garde heredital du scel royal de
» la vicomté d'Avranches, salut scavoir faisons que par devant
» Francoys Portier et Jehan Gilbert, tabellions royaulx en la
» dicte vicomté ».

« Fut présent noble homme Gabriel Tesson, sieur et patron
» de Sainct Médard de Cellant et du Mesnil-Ballisson (à Lolit
» où il résidait) lequel de sa bonne volonté recongneult et
» confessa avoir vendu, quitté, cédé et du tout delessey afin
» dhéritage tant pour lui que pour ses hoirs, à noble seigneur

---

(1) *Gage-pleige* : Assemblée de tous les vassaux relevant d'un
même fief pour élire un Prévôt et reconnaître les rentes dont ils
étaient redevables. Le seigneur féodal, outre ses plaids ordinaires,
pouvait tenir chaque année, en son fief, un *gage-pleige*.

(2) *Cour et usage* : Abréviation de *droit de cour et usage de juridiction* pour la basse justice.

» Messire Loys de Vassy, seigneur de la Forrest, Brécey, Tou-
» chet, Sainct Vigor des Montz, Mesnil Patry, Mesnil Hermen,
» Sainct Phellebert, Chevallier de l'ordre du Roy, stipullé par
» noble Dame Francoyse Danfernet, sa compaigne et espouse,
» pour luy et ses hoirs. Cest ascavoir le fief terre et seigneurie
» dudit lieu de Sainct Médard de Sellant, comme il se contient
» tant en dommaine non fieffé que fieffé, en laquelle y a terres
» labourables et non-labourables, boys de hautte fustaye et
» taillables place de moullin à bled, jardins, praryes, maisons
» et manoir, gage plège, cour et juridixtion avecques hommes,
» hommages, vassaulx subjectz et affectez envers icelle sieurie
» en plussieurs espèces de rentes tant en deniers, grains, œufz,
» oyseaulx, ventes, rentes, corvées, aides et soubzaides coustu-
» mières et droict de brebiage, droictures et libertés deubz à
» ladicte sieurie, aultres droictz et libertés selon les adveuz
» antiens *et droict de patronnage pour présenter à la cure et bénéfice*
» *dudit lieu de Cellant* le cas advenant, et tout ainsy quil seroit
» escheu et succedey audit sieur vendeur par le décez de feu
» noble homme Jacques Tesson son père ; ensemble tous les
» acquetz faictz par ledict deffunct Jacques Tesson, escuier,
» son père, que par ledit sieur vendeur en la deppandance de
» ladicte terre et sieurie de Cellant. En ce comprins les héri-
» tages de Gabriel qui furent à Francoys Tesson escuier, acquis
» par ledit sieur vendeur ; mesmes a cedey et transporté audit
» Seigneur acquereur tous noms, raisons et actions qui pou-
» roient appartenir audit sieur vendeur à cause de ladicte terre
» et sieurie en circonstances et deppendances, icelle terre et
» sieurie tenue du Roy nostre syre ou de mon seigneur le Duc
» prince de Montpensier à cause de la comté de Mortaing »...
    « Et fut ladicte vente et délaissance faicte par le prix et somme
» de deux mil sept centz soixante six escus deux tiers payés
» présentement par ladicte Dame en escus sol, pistolletz ducatz,
» francs, demys francs, quartz descu, tessons (1), realls et

---

(1) Tessons, altération évidente de *testons*, monnaie d'argent ; ita-
lien *testone*, de *testa*, tête, à cause de la tête du roi qui y était gra-
vée (Littré). Cela donne raison à M. Le Héricher, qui fait dériver le
nom de Tesson du latin *testa*, crâne, tête. (*Les Etymologies difficiles*).

2

» douzains jusques au parfait payement et concurrence de
» ladicte somme nette et quitte à la main dudit sieur vendeur
» dont il sest tenu content, satisfaict et bien payé. »

. . . .

« Ce fut faict et passé au lieu de Avranches au logys de
» noble seigneur Johan Duboys, sieur de la Fresnaye, gouver-
» neur et commandant en la ville et chasteau d'Avranches,
» viron neuf heures du matin le lundy vingtiesme jour de juing
» lan mil cinq centz quatre vingtz et quatorze. *(Archives de la*
» *Manche.* Série E. Liasse 1910). »

Nous croyons donc avoir assez clairement et suffisamment
démontré qu'en fait de seigneurs de Brécey, il n'y eut en
réalité que les de Vassy à être véritablement seigneurs et patrons
présentateurs du Grand-Celland, depuis l'an 1594 et jusqu'à la
Révolution. On ne peut guère compter, en effet, les d'Amphernet, puisque, dans le contrat de vente de ladite seigneurie
de Celland par Jean Fauquet à Jacques d'Amphernet, le vendeur avait stipulé la faculté de rachat pour un an (1), rachat
qui fut réellement effectué avant l'expiration de l'année par son
proche parent du nom de Tesson.

LE GRAND-CELLAND

TOME XI DES *Mémoires*, P. 395

P. 396. — « La paroisse du Grand-Celland, quoique assez
» étendue, ne renfermait aucun grand fief. Le fief de Celland,
» sur lequel l'église avait été bâtie ou peut-être rebâtie après la
» conversion des Normands, n'était qu'un sixième de fief, et
» c'était ce fief qui donnait à son possesseur le droit de patro-

---

(1) *Archives de la Manche.* A. 981.

» nage et de présentation à la cure. La terre de Celland faisait
» partie d'abord des domaines du comte de Mortain, et les
» comtes de Mortain ne l'aliénèrent que peu à peu et par
» petites portions, ce qui fait qu'il y avait en la paroisse plu-
» sieurs terres appartenant à des familles différentes. »

Voici, suivant une sentence du bailliage de Mortain du
28 octobre 1553, sur un différend touchant le moulin de
Celland et d'après le manuscrit d' Julien Pitard, comment le
fief du Grand-Celland se trouva partagé, avant l'an 1341, à la
mort de Guyon de Celland, seigneur de ce lieu, entre ses deux
fils, Robert et Raoul :

Robert-l'aîné eut la Cour, le Manoir, le Domaine et le Moulin
de Celland.

Raoul-le-cadet eut le fief de Celland ou de la Sourdière dont
dépend (*sic*) le patronage de l'église, avec les fiefs depuis nommés
Le Crépon et Pichard, des noms de ceux qui les possédèrent
ensuite.

La succession dudit Robert de Celland, l'aîné, vint par forfaiture (1) au Roi qui en fieffa une partie et entre autres le moulin
de Celland à Thomas de Crépon et à Guillemette sa femme.

Raoul de Celland, le cadet, eut un fils nommé Guillaume,
seigneur de Celland, qui n'eut que trois filles, dont les droits
étaient représentés, en 1553, c'est-à-dire lors de ladite sentence,
par :

1º Jean Fauquet, écuyer, pour l'aînée.

2º François Pichard, écuyer, pour la seconde.

3º Les héritiers de Thomas de Crépon et ceux de Guillaume
Tesson par acquêt pour la cadette.

Ledit Thomas de Crépon et sa compagne avaient acquis de

---

(1) *Forfaiture*, félonie, injure, trahison ou rébellion du vassal
contre son seigneur dominant, rébellion pouvant consister en un
simple désaveu ou violation du serment de foi et hommage. La forfaiture entraînait la commise ou confiscation du fief servant qui se
trouvait ainsi dévolu et consolidé au fief dominant, c'est-à-dire repris
au profit du seigneur suzerain.

cette demoiselle de Celland, le fief depuis nommé le fief de Crépon à cause d'eux. A l'article Crépon, Pitard dit qu'il croit que Guillemette, femme de ce Thomas de Crépon, était de la maison de Celland et qu'ils prirent en fieffe du Roi non seulement le moulin de Celland, mais encore une partie des biens qui avaient appartenu à Robert de Celland et étaient tombés en forfaiture. Jean de Crépon, fils dudit Thomas, rendit aveu au comte de Mortain du fief de Celland ou de Crépon, le 27 juillet 1392; il le possédait encore l'an 1401. Il fut père de Richard de Crépon qui n'eut qu'une fille, Jeanne, mariée à messire Guillaume de Moulins, chevalier, lequel, avec sa femme, fieffa le moulin de Celland, — appelé moulin Richard à cause du prénom de ce dernier Crépon, — pour 60 livres de rente à un nommé Corbet dit d'Isigny.

Thomas Tesson, écuyer, seigneur de la Guérinière au Grand-Celland, vivant encore en 1471, avait acquis, nous ne savons à quelle date, de Vigor Vivien, un fief du nom de Celland. (1)

Le susdit Guillaume Tesson, dont les héritiers, avec ceux de Thomas de Crépon, représentaient en 1553 les droits de la troisième fille de Guillaume de Celland, est évidemment le petit-fils dudit Thomas de la Guérinière : Guillaume Tesson de la Hercendière en La Mancellière, seigneur de Celland en partie, mort entre 1526 et 1529. Ses héritiers étaient ses fils : Thomas Tesson de la Hercendière, sieur de la Pollinière, seigneur de Crépon ou Grimault en La Mancellière, seigneur de Celland en partie, et Jacques Tesson, curé de La Chapelle-Urée, seigneur du fief de la Pasturelière en Reffuveille. Il avait en outre deux filles : Denise, dame de Chasteauvieulx et Gillette, dame Le Marié de la Malardière.

Le 2 mai 1610, ce fief de Celland passa à François Tesson, sieur de la Pollinière, petit-fils dudit Thomas de la Hercendière. C'est le dernier membre de la famille que nous ayons trouvé avec le titre de seigneur de Celland. Nous ne connaissons point la composition ou la nature de ce fief ou membre de fief; il dut être pris, d'après le manuscrit de Pitard, sur le lot de la

---

(1) Carrés de d'Hozier. Volume 594, pages 244-245. — Bibl. Nationale, Cabinet des titres.

dernière des demoiselles de Celland et acheté comme les autres par les de Vassy.

La seigneurie du Grand-Celland eut donc certainement plus d'importance que ne lui en accorde l'abbé Masselin ; mais elle se trouva démembrée de bonne heure. Le chef tombé en forfaiture fut fractionné, on ne sait comment, puisque Julien Pitard, qui vivait il y a deux cents ans, en est réduit à cette simple supposition que Thomas de Crépon dut en acquérir une partie. Quant aux trois autres fiefs de ladite seigneurie, tombés en quenouille, on peut les suivre, grâce à leurs surnoms, jusqu'à leur réunion à la baronnie de Brécey, érigée en 1613, en faveur des de Vassy.

CELLAND-SOURDIÈRE

14 mars 1393. — Aveu pour 1/6ᵉ de haubert par Richard Flourie, écuyer, de la paroisse de Vernix, patron présentateur de celle de Cellant (1).

12 janvier 1412. — Aveu par Jean Flourie ou Fleury (2).

27 août 1496. — Aveu pour 1/4 de haubert par Pierre Fauquet, écuyer (3).

16 août 1499. — Aveu pour 1/4 de haubert par Pierre Fauquet, écuyer (4).

25 mai 1518. — Aveu pour 1/4 de haubert par Robert Fauquet (5).

23 septembre 1555. — Vente dudit fief par Jean Fauquet, sieur de Roulloux, à Jacques d'Amphernet, seigneur de Brécey (6).

14 septembre 1556. — Délais ou abandon dudit fief par ledit

---

(1) Archives de la Manche. A. 288. fᵒ 64. Nᵒˢ 768 à 772.
(2) Archives de la Manche. A. 288. fᵒ 101. Nᵒˢ 1115 à 1120.
(3) Archives de la Manche. A. 288. fᵒ 165. Nᵒ 1643.
(4) Archives de la Manche. A. 288. fᵒ 206. Nᵒ 1008.
(5) Archives de la Manche. A. 288. fᵒ 156.
(6) Archives de la Manche. A. 980.

Jacques d'Amphernet, à Christophe Tesson, clamant comme lignager et proche parent du vendeur (1).

3 septembre 1565. — Aveu par Jacques Tesson du Mesnil-Balisson, écuyer, père du suivant (2).

5 décembre 1583. — Aveu par Gabriel Tesson (3).

20 juin 1594. — Vente dudit fief, terre et seigneurie, par Gabriel Tesson du Mesnil-Balisson, à Louis de Vassy, seigneur de Brécey, stipulé par Françoise d'Amphernet, son épouse (4).

Ce fief, dit alors huitième de haubert, comprenait le manoir et le domaine de la Sourdière avec le bois Symonnet, le patronage de Celland et le droit de présenter au bénéfice-cure, le moulin Richard ou de Celland, un autre moulin en ruine et les quatre aînesses du Coudray, de la Dodemanière (partie en main du seigneur par retrait, 55 vergées), de La Vaisinière, et du Champ Meslier et Le Tertre (5).

De ce fief de Celland-Sourdière était tenu par foi et hommage le fief ou franche vavassorie, à cour et usage (6), de la Guérinière, qui fut anciennement aux Harel, et, à partir de 1421 jusqu'en 1781, aux Tesson (Aveux précités).

Ce fief comprenait le domaine de la Grande Guérinière et de la Petite Guérinière, et les deux masures ou petites aînesses de la Grande Guette et de la Petite Guette (7).

Il est à remarquer que les Fauquet et les seigneurs du Mesnil-Balisson, parents, les uns et les autres, des seigneurs de la Guérinière, qui leur devaient foi et hommage pour cette vavassorie, sont les seuls à compter le fief de Celland-Sourdière pour un quart de haubert. Dans le dénombrement des fiefs de la baronnie de Brécey, il n'est plus compté que pour un huitième.

---

(1) Archives de la Manche. A. 980. M. M., p. 131.

(2) Archives de la Manche. A 987.

(3) Archives de la Manche. A. 987.

(4) Archives de la Manche. E. 1910.

(5) Archives de la Manche. A. 895. — 18e siècle.

(6) C'est-à-dire à droit de cour et usage de juridiction pour la basse justice. Les seigneurs avaient juridiction sur leurs vassaux et sujets. Ils connaissaient des causes pour leurs fiefs dans leur cour et avec leurs pairs.

(7) Archives de la Manche. A. 895. — 18e siècle.

CELLAND-PICHARD

18 mars 1474. — Richard Pichard possédait une portion du fief de Celland.

9 janvier 1501. — Aveu par lequel Martin Pichard rend le fief du Mesnage en Celland plus la portion du fief de Celland qui fut à Guillaume de Celland pour un septième de fief sans juridiction ès paroisses de Brécey et de Celland.

1519. — Compte du relief dû au Roi, à cause du quart de fief de Celland appartenant à Pichard. 37ˢ 6ᵈ (1).

1584. — François Pichard rend aveu de Celland.

Le fief de Celland est réuni à la baronnie de Brécey.

Ce que dessus, excepté le troisième §, est extrait de l'article Pichard dans le manuscrit de Julien Pitard, qui déclare n'en pas savoir davantage.

Ce fief de Celland, autrement appelé Baudet (de *bud* ou *bod*, habitation, village) ou Pichard, s'étendait sur les aînesses de La Moisière, La Grasserie, La Hamelinière, La Haute Englescherie et La Basse Englescherie ou des Baudettes (2).

CELLAND-CRÉPON

20 juillet 1392. — Aveu par Jean de Crépon, devant le garde de la prévôté de Paris, du fief de Celland, huitième d'un fief entier (3).

27 juillet 1392. — Aveu par le même (Pitard, article Crépon).

En 1401. — Il possédait encore ce fief *(ibid.)*.

4 août 1518. — Enguerrand d'Argennes (et non d'Argences, comme le dit Pitard), écuyer, sieur de la Chatière (à Marcey-sous-Avranches), rend aveu au comte de Mortain du fief de Celland, dans la paroisse de Brécey, de la seigneurie dite de Crépon, dans celle de Celland, et du fief Grimault, dans celle de La Mancellière. (Pitard, article d'Argences, Argennes).

---

(1) Archives de la Manche. A. 288. fᵒ 34, nᵒ 446.
(2) Archives de la Manche. A. 895. 18ᵉ siècle.
(3) Archives de la Manche. A. 288, fᵒ 54. Nᵒˢ 668 à 676.

6 mai 1603. — Vente par Pierre d'Argennes, écuyer, sieur de Crépon, Planches-Jumelles (à Saint-Quentin), et la Prevostière, à Françoise d'Amphernet, dame de la seigneurie de Brécey, veuve de Louis de Vassy, du fieu, terre et sieurie du Crépon, sis tant en la paroisse de Brécey qu'en celle de Saint-Médard de Celland (1).

Ce fief de Crépon, en Brécey et Celland, s'étendait sur onze aînesses dont neuf à Brécey et deux seulement au Grand-Celland : La Dodemanière et La Sourdière (2).

Outre ces trois fiefs de Celland (Sourdière, Pichard et Crépon) et celui de la Guérinière, il y avait encore au Grand-Celland le fief de la Riolière, huitième de haubert, acquis, en 1597, d'Hervieu de Juvigny, par Françoise d'Amphernet, veuve de Louis de Vassy (3) et le fief ou vavassorie du Ménage en Celland, Brécey et Reffuveille, qui se consistait en quatre aînesses dont Le Ménage en Celland, Les Maisons en Celland et Reffuveille, les deux autres à Brécey (4).

De plus, les fiefs de Brécey et de La Tourelle à Brécey avaient des extensions au Grand-Celland. Ledit fief de Brécey était un quart de haubert. Son domaine fieffé comprenait onze aînesses dont deux en Celland : La Chênellière et La Touverie (5).

P. 396-397. — « On lit dans la charte de Navarre (1401) :
» Un sixième de fief à Saint-Médard de Celland appartenant à
» Richard Fleurye vault de revenu xx livres et à cause de ce
» fief le dict escuyer a droict de présenter à la cure. Ce fief
» était tenu immédiatement du roi, ainsi que les deux suivants.
» Un quart de fief de chevalier sis en Brécey et en Celland, à
» Colin Briette escuyer, vault de revenu xcviii livres xli sols
» iii deniers. Une franche vavassorerie dite la Réolière assise en
» Saint-Médard de Cellant, à Jehan de Vaujuas, vault de re-

---

(1) Archives de la Manche. A. 990.
(2) Archives de la Manche A. 895, 18ᵉ siècle.
(3) Archives de la Manche. A. 991.
(4) Archives de la Manche. A. 895.
(5) Archives de la Manche. A. 895.

» venu iv livres i sol. Une franche vavassorerie en St-Médard
» de Cellant, à Jehan Hairel, tenue de Richard Fleurye, vault
» de revenu lxv sols iv deniers. »

Ceci est un extrait pour Le Grand-Celland de ce qui concerne
la sergenterie Roussel dans la charte de Pierre de Navarre.
Voir les pages 333 et 337 des *Annales* de l'abbé Desroches,
pour qui la valeur totale du comté de Mortain devait être alors
de 3.000 livres de rente en terre.

Briette est évidemment une mauvaise lecture de Brécey,
puisque le manuscrit de Julien Pitard dit que Colin de Brécey
tenait ce fief (de Brécey) l'an 1401.

La franche vavassorie à Jean Harel est La Guérinière.

P. 397 : « La plupart de ces fiefs avaient appartenu précé-
» demment aux seigneurs de Brécey, qui avaient beaucoup de
» possessions dans le Grand-Celland ; et dans la fin du xvᵉ siècle
» ils étaient rentrés dans cette famille. On en trouve la preuve
» dans un aveu rendu au roi en 1494 par Michel de Brécey,
» seigneur de Brécey et des Genetais au Mesnilthébault. On
» voit par cet aveu que le fief de Brécey tenu pour un quart de
» fief de haubert avait une extension dans le Grand-Celland ;
» que cette extension y formait un membre de fief ayant
» appartenu à défunt Hamelin de Brécey, et dont était tenant
» en cette année Jacques Martin, écuyer ; de plus que ce
» membre de fief donnait droit de présentation à la cure du
» Grand-Celland. (L'abbé Desroches : *Annales civiles et mili-
» taires).*

Des quatre fiefs ou vavassories en question, nous ne voyons
que le fief de Brécey à avoir toujours appartenu aux seigneurs
de Brécey et que la vavassorie de la Riollière qui ait pu leur
appartenir précédemment.

Les seigneurs des fiefs du nom de Celland nous sont connus

par ce que nous avons déjà dit et par les aveux que nous avons pu retrouver et citer :

1er fief : de Celland ; Fleury ; Fauquet ; d'Amphernet, provisoirement ; Tesson et de Vassy.

2e fief : de Celland ; Pichard et de Vassy.

3e fief : de Celland ; d'Argennes et de Vassy.

La Guérinière : Harel et Tesson.

Ceci se trouve parfaitement d'accord avec l'article de Brécey par Julien Pitard :

« C'est une des anciennes familles du comté de Mortain et elle porte le nom du fief de Brécey dans la paroisse du même nom dont il donne le patronage honoraire, l'article ayant été aumôné à l'abbaye de Savigny, mais MM. de Vassy qui le possèdent à présent l'ont fait ériger en titre de baronnie ayant incorporé tous les autres fiefs de la paroisse de Brécey avec ceux de Touchet (Notre-Dame-du-Touchet) et de Celland ».

Nous ne connaissons point l'aveu de 1494, de Michel de Brécey ; mais, dans sa brochure sur *Brécey*, M. Victor Brunet donne, p. 14-15, un extrait de celui de 1532 de son gendre, Julien d'Amphernet, qui doit être conçu à peu près dans les mêmes termes puisqu'on y retrouve les noms d'Hamelin de Brécey et de Martin. Le voici :

... « Item, le dit Julien d'Amphernet, à cause de damoyselle Anne de Brécey, sa première femme et espouse, fille et héritière de défunt Michel de Brécey, en son vivant escuyer, confesse et avoüe tenir par foi et par hommage du Roi... à cause de sa comté de Mortaing ung membre de fief à gaige pleige... nommé le fief de *Brécey* et ses appartenances, et s'estend ès-paroisses de Brécey et Saint-Médard-de-Celland au dit comté... auquel fief il y a manoir, domaine, colombier à vol, moulin à bled, moulin à draps et pêcherie sur la rivière de Sée avec une brosse (1) de boys à haute fustaye assise en ladite paroisse..... *et droit de patronage en l'église de Celland*, auquel fief il y a huit acres de bois taillables..... semblablement le dit d'Amphernet et femme confessent tenir du Roi un huitième de fief de haubert, nommé *les Geneslays*, sis en la paroisse du Mesnil-Thébault..... desquels

---

(1) Pour *troche*, foutelaie, petit bois de hêtres.

fiefs tiennent savoir du fief de Brécey, les héritiers de défunts Gieffroy Payen et sa femme, une vavassorerie appelée la *Poupelinière*, les hoirs de défunt Bertrand Martin, une autre vavassorerie appelée la *Bédouynière* et les hoirs de défunt Robert Sauquet (Fauquet), au lieu de défunt Hamelin de Brécey, *un membre de fief* situé en la paroisse de *Saint-Médard-de-Celland* à gaige plaige court et usage. »

Ce droit de patronage *en* l'église de Celland était évidemment un droit de patronage purement honoraire et non le droit de patronage effectif *de* cette église, car on ne parle point du droit de présenter au bénéfice cure. En 1532, le patron présentateur du Grand-Celland était un Fauquet et nullement Julien d'Amphernet.

L'abbé Masselin, qui ne cite pas ordinairement ses auteurs, renvoie cette fois aux *Annales* de l'abbé Desroches, mais sans indication de page, indication pourtant des plus indispensables dans un pareil fouillis.

C'est à la page 364 qu'il faut se reporter pour constater que la faute est bien de l'impeccable abbé Desroches, ainsi rendu responsable de l'erreur commise au sujet du droit de présentation à la cure du Grand-Celland. L'abbé Masselin a malheureusement trop compilé pour pouvoir contrôler et vérifier ; il a accepté pour bon et valable tout ce qu'il a trouvé à des sources plus ou moins authentiques. L'abbé Desroches, convaincu de son infaillibilité, l'a funestement persuadée à d'autres qu'à lui-même. Il a terminé ses Annales en déclarant superbement que personne n'en effacerait une ligne. Hélas ! nous en avons effacé plus d'une. *Errare humanum est.* Chose curieuse, ni l'abbé Desroches, ni l'abbé Masselin ne semblent avoir connu le manuscrit de Julien Pitard. Ce manuscrit n'est pas non plus exempt d'erreurs, tant s'en faut ; mais il est cependant indispensable de le consulter pour tout ce qui concerne les fiefs du comté de Mortain et leurs seigneurs.

P. 397 : « Michel de Brécey ne laissa qu'une fille, Anne de
» Brécey, qui porta la seigneurie de Brécey et du Grand-Celland
» dans la famille d'Amphernet (jadis *de Inferno*). Jacques d'Am-
» phernet, chevalier, seigneur baron de Brécey, Touschet, Cel-

» land, etc., laissa une fille qui porta la seigneurie de Brécey
» dans la famille de Vassy, et un fils nommé François, né d'un
» second mariage, qui hérita de la seigneurie de Celland et usa
» au moins une fois du droit de présentation à la cure, comme
» on le verra par la liste des curés. François d'Amphernet étant
» mort sans postérité, la seigneurie du Grand-Celland retourna
» aux de Vassy-Brécey et leur resta. »

Michel de Brécey ne laissa, en effet, qu'un enfant légitime,
Anne de Brécey, qui porta la seigneurie de Brécey, et non celle
du Grand-Celland qu'elle n'avait point, à Julien d'Amphernet,
père de Jacques d'Amphernet, qui ne fut pas baron de Brécey,
mais qui fut père de Françoise d'Amphernet, épouse de Louis
de Vassy, laquelle en viduité fit ériger, en 1613, la seigneurie
de Brécey en baronnie pour son fils Jacques de Vassy. —
Jacques d'Amphernet ne contracta pas de second mariage ; c'est
son père, Julien, qui convola. Il n'y eut pas de François
d'Amphernet à hériter de la seigneurie de Celland ; il n'a
existé que dans l'imagination de l'auteur. Le curé de Saint-
Médard-de-Celland, cité par l'abbé Masselin, p. 400, comme
nommé le 20 juillet 1596, ne put l'être que sur la présentation
de Françoise d'Amphernet, devenue veuve, en 1595, de Louis
de Vassy, qui avait acquis l'année précédente la seigneurie du
Grand-Celland.

Nous avons remarqué que les veuves ne sont souvent dési-
gnées sur les anciens actes que par leur nom propre, sans l'indication de celui de leur mari défunt.

P. 397 : « L'ancien manoir des seigneurs de Celland a dis-
» paru depuis bien des siècles ; on ne sait plus même où il se
» trouvait. Une bruyère connue sous le nom de Bruyère-au-
» Seigneur, est un souvenir de leurs anciennes possessions. »

Et p. 400 : « Le nom du Chastel est peut-être un souvenir
» de l'ancienne habitation des seigneurs de Celland ; cepen-
» dant, nous serions plutôt porté à croire qu'ils habitaient La
» Cour. »

Cela est probable, car ce lieu est marqué La Cour-Celland sur la carte du canton de Brécey. Il est situé à un kilomètre au Nord de l'église, tandis que Le Châtel, qui rappelle d'ailleurs un camp romain (1), se trouve à 2 kil. 1/2 au NNE.

Il y eut du reste, évidemment, deux manoirs seigneuriaux de Celland : celui de la branche aînée tombé en forfaiture, et ensuite celui de la Sourdière de la branche cadette. Ce dernier est situé à deux kilomètres au Nord de l'église, à la limite du Petit-Celland et à six cents mètres de celle de Brécey, qui s'enfonce à cet endroit entre Le Grand et Le Petit-Celland.

Tout ce que nous avons déjà dit des fiefs, de la seigneurie et du patronage du Grand-Celland, p. 123 à 126 et 131 à 134 de notre Monographie de La Mancellière est très exact.

P. 399, l'abbé Masselin cite deux familles nobles trouvées par Roissy au Grand-Celland, en 1598 : Morin et Tesson (2) de la Guérinière, qui, au temps de Chamillart (1666), était devenue la seule à habiter cette paroisse.

Il parle du prêche de la Guérinière ; mais malheureusement, comme toujours, il n'a pu nous dire où il avait trouvé ses renseignements. Son existence dut être bien éphémère comme temple protestant ; mais le bâtiment, décrit par M. Le Héricher, est encore debout (3). Il est, en effet, inconnu du Consistoire de Caen, comprenant les trois départements du Calvados, de la Manche et de l'Orne, et de l'Eglise réformée de France, laquelle possède des archives et une bibliothèque au n° 54 de la rue des Saints-Pères, à Paris. Les églises réformées connues de l'Avranchin étaient : 1° Brécey (au château des Vassy) ; 2° Ducey (au château des Montgommery), ayant pour annexes Chasseguey et Fontenay-le-Husson ; 3° Pontorson. — M. Le Héricher cite en plus, dans l'arrondissement d'Avranches, celles du Grand-Celland et de Cormeray (4).

---

(1) *Avranchin monumental et historique*, par Le Héricher, Tome I, p. 289.

(2) Le chanoine Pigeon dit, p. 554 de son *Diocèse d'Avranches*, que Raoul Tesson possédait au Grand-Celland dès le XIIᵉ siècle, et qu'en 1173 il était prisonnier à Dol.

(3) *Avranchin monumental et historique*, Tome I, p. 283.

(4) Id.   Id.   Id.   Id.   p. 378.

Voici la généalogie des seigneurs de la Guérinière qui furent la dernière famille noble du Grand-Celland :

TIGE DE LA GUÉRINIÈRE

La généalogie par Chérin, très incomplète, s'arrête à la Recherche de Chamillart, ainsi qu'un mémoire et un tableau généalogiques plus complets du cabinet des titres de la Bibliothèque nationale (1). Pour continuer cette généalogie, nous avons dépouillé, au Greffe du Tribunal de Mortain, les doubles des anciens registres paroissiaux du Grand-Celland, qui vont de 1692 à 1786; les années 1705, 1706 et 1711 manquent. Les minutes ou registres originaux de la paroisse ont été brûlés pendant la Révolution. Quelques-uns, sauvés de l'incendie, mais en partie consumés, ont été déposés au Greffe du Tribunal d'Avranches. Ces derniers ne sont pas, du reste, antérieurs à l'année 1737. Ceux de 1750 à 1760 sont en bon état.

A part une seule, les pièces des Carrés de d'Hozier, relatives aux seigneurs de la Guérinière, concernent exclusivement les ancêtres directs, et non les collatéraux, des seigneurs du Mesnil-Balisson et de La Mancellière, qui eurent à faire leurs preuves au siècle dernier.

Abréviations : R. Ch., Recherche de Chamillart de 1666. — M. M., Monographie de La Mancellière.

I

Thomas Tesson, écuyer, seigneur de la Guérinière, seigneur de Celland en partie, reconnu et déclaré noble par les Commissaires du Roi, le 22 octobre 1471, après avoir accompli dix-huit années de services militaires. (M. M., p. 124.) Les généalogistes du Roi ne font point connaître le nom de sa compagne, qui serait Marguerite de Crépon suivant une carte généalogique produite devant Mgr de la Potherie, Intendant de la Généralité de Caen, dont acte donné à Bayeux, le 22 août 1641 (M. M., p. 41). Il eut pour fils :

---

(1) Chérin, vol. 193, nº 2.829, et Pièces dites originales, vol. 2.812, nº 62.547.

II. — *Jean-l'aîné*, seigneur de la Guérinière, qui suivra.

II. — Jean-le-jeune, seigneur de la Guérinière en sa partie, (1), époux de Perrine de Maigney (M. M., p. 134), dont :

III. — Jean, seigneur de la Guérinière en sa partie.

III. — Guillaume-l'aîné, seigneur de la Planche ou des Planches, en Brécey.

III. — Guillaume-le-jeune, sieur de la Hercendière et de la Bretonnière à La Mancellière, seigneur de Celland en partie, auteur de la branche cadette de La Mancellière (M. M., p. 151).

II

JEAN-L'AÎNÉ, seigneur de la Guérinière, époux de Jeanne ou Jacqueline Fauquet, des seigneurs de Saint-Médard-de-Celland. dont :

III. — *Jean*, qui continue la tige des seigneurs de la Guérinière.

III. — François, devenu seigneur du Neufbourg-de-Vains, par son mariage en 1521 avec d^{lle} Giroult-Morin (2). M. M., p. 130, 131. Il eut pour fils :

IV. — Jacques, seigneur et patron présentateur de Saint-Médard-de-Celland, auteur de la branche médiane du Mesnil-Balisson à Lolif, dont nous avons donné la généalogie sous le titre : Généalogie des frères Tesson, guillotinés à Granville, en Nivôse an II, derniers rejetons de cette branche à Champcervon.

III

JEAN, seigneur de la Guérinière.

(Le 10 août 1581 eut lieu le partage de la succession de Jean Tesson, seigneur du fief, terre et seigneurie de la Guérinière, époux de Joachine d'Auray. Leurs fils étaient : Jean, l'aîné ; Jacques, dit d'abord aussi Jean ; et François, lesquels avaient plusieurs sœurs, dont Jeanne, épouse de Jean Jacqueson, sieur

---

(1) Il y avait et il y a encore La Grande et La Petite-Guérinière.
(2) Les Morin habitèrent Le Grand-Celland et Vains. Tome XII des *Mémoires*, p. 101.

de la Fosse. — Carrés de d'Hozier, vol. 594, p. 282-283. Bibl. nationale, cabinet des titres).

IV

JACQUES ou JEAN (R. Ch.), seigneur de la Guérinière, marié en 1548, à Marguerite Le Devin (R. Ch. p. 731).

V

JEAN, Seigneur de la Guérinière, marié en 1581, à Jeanne Le Roy (R. Ch. p. 731).

VI

JACQUES, seigneur de la Guérinière, marié en 1599 à Charlotte de la Broïse (R. Ch. p. 731), sœur de Marguerite de la Broïse qui épousa, en 1598, Mathurin Tesson de la Hercendière, MM. p. 162.

Il fut reconnu, le 21 juin 1599, par Roissy, qui ledit s' de Gueraune, pour Guérinière, fils de Jean, fils Jacques, fils Jean, fils Jean, fils Thomas, anobly; demeurant au Grand-Celland, sergenterie Roussel, élec. de Mortain.

Le 16 avril 1635, à Mortain, d'Aligre reconnut aussi la noblesse de leurs enfants : « Veu les titres présentés par M' Gilles Tesson prestre pour luy et pour Jean, Pierre, René et François ses frères de la paroisse de Cellant fils Jacques, fils Jean, fils *autre* Jacques Tesson écuyer jouira. »

Jean et *Pierre* figurent seuls dans la Recherche de Chamillart, de 1666, qui appelle cet *autre* Jacques : Jean. Nous avons du reste remarqué qu'autrefois ces deux prénoms étaient souvent employés indifféremment l'un pour l'autre, de même que pour d^{elle} Fauquet ci-dessus, II, on dit Jeanne ou Jacqueline. Ce sont :

VII. — *Jean*, seigneur de la Guérinière, qui suivra.

VII. — *Pierre*, sieur de L'Estang, auteur de la branche aînée du Buat, qui sera rapportée à la suite.

CAHIER (S) OU PAGE (S) INTERVERTI (S) A LA COUTURE
RETABLI (S) A LA PRISE DE VUE.

DE LA PAGE 33
À LA PAGE 48

VII

Jean, seigneur de la Guérinière, marié en 1637, à Marguerite Le Gager (R. Ch. p. 731).

VIII

Gilles, seigneur de la Guérinière.

Il ne paraît que trois fois sur les registres paroissiaux, qui ne commencent, comme nous l'avons dit, qu'en 1692 avec des lacunes : en 1694 et 1698, comme témoin, et, le 14 juillet 1712, comme le feu père d'Anne, décédée à l'âge de 40 ans et inhumée dans l'église. Le nom de sa compagne n'est pas prononcé. L'abbé Masselin nous a donné celui de Françoise Le Bret qu'il aura probablement trouvé parmi les dispenses de deux des trois bans de mariage ou de consanguinité contenues dans les registres de l'ancien évêché d'Avranches, conservés au presbytère de Saint-Gervais, et qu'il avait dépouillés pour ses études sur l'histoire de notre diocèse.

IX

Thomas, seigneur de la Guérinière, devenu veuf le 26 août 1710 d'Esther de Gaallon, morte à l'âge de 20 ans. Remarié le 9 juillet 1712, à Marie-Anne de la Broïse (1691-1776), fille de Julien de la Broïse, écuyer, seigneur de la Chapelle-Urée et du Boullevert et de dame Marie Chupin.

La filiation de Thomas n'est point indiquée sur son acte de mariage. On dit seulement qu'on lui a restitué la dispense de consanguinité, obtenue de l'évêque d'Avranches, à la date du 5 du même mois. Il mourut, le 27 octobre 1732, âgé d'environ 55 ans et fut inhumé dans l'église.

De cette seconde union vinrent :

X. — Marie-Anne, née le 2 mars 1716, mariée le 17 août 1734, à Jean-Louis de la Faucherie, écuyer, seigneur du Bois-Tirel au Mesnil-Bœufs, fils de défunt Julien de la Faucherie, vivant écuyer, seigneur du Bois-Tirel et de défunte noble dame Marie-Claude de Vaufleury. Devenue veuve, Marie-Anne mourut au château du Bois-Tirel, le 20 décembre 1784.

X. — Susanne-Elisabeth, née le 3 juillet 1717, mariée le 4 février 1737, à Gilles Anfray, sieur de la Cotentinière au Grand-Celland, fils de défunt maitre François Anfray, sieur de la Renutière, avocat, et de noble demoiselle Jeanne-Madeleine Lancesseur.

Elle mourut le 28 novembre 1771, et fut inhumée dans l'église. Son mari, décédé le 27 mars 1777, fut enterré dans le cimetière (1).

La Grande Guérinière et la Petite Guérinière revinrent à cette famille Anfray de la Cotentinière, qui posséda en outre au Grand-Celland La Hamelinière.

Un Anfray de la Cotentinière épousa une fille d'Emmanuel-Alexandre-André-Victor Dericq, seigneur de Chasseguey, et de Charlotte-Joséphine de La Chambre de Vauborel (*Nicolas Dericq*, par E. Lesens, p. 17).

X. — Marguerite-Julienne, née le 19 juillet 1718, mariée le 18 juillet 1746, à Louis du Buisson, écuyer, garde du Roi de la provôté de son hôtel et grande provôté de France, natif de la paroisse de Notre-Dame-de-Beslon (2), au diocèse de Coutances, fils de Louis, écuyer, garde du Roi de la provôté de son hôtel grande provôté de France, et de damoiselle Ambroise de Clinchamps.

X. — *Jean-Thomas*, qui suit :

X

Jean-Thomas, seigneur de la Guérinière, né le 28 mai 1723, décédé le 27 octobre 1781, ancien capitaine d'infanterie, Chevalier de l'Ordre royal et militaire de Saint-Louis, inhumé dans le cimetière.

Voici le détail de ses services, extrait des Archives du Ministère de la Guerre :

Lieutenant au régiment de Ponthieu, le 1er mars 1744.

---

(1) A partir de la déclaration de 1776, il ne fut plus permis d'inhumer les corps des particuliers dans les églises ; mais les Patrons continuèrent à jouir du droit d'avoir leur caveau dans le chœur.

(2) Beslon, canton de Percy, arrondissement de Saint-Lô.

Capitaine . . . . le 5 avril 1746.

Passé au régiment de Provence. . . . le 1ᵉʳ avril 1749.

Retiré . . . . le 22 juin 1767, avec cinq cents francs d'appointements de retraite.

Campagnes. — 1744, Alsace; 1745, 1746 et 1747, Côtes; 1748, Flandre; 1757, 1758, 1759, 1760, 1761 et 1762, Allemagne.

Blessures. — Coup de feu au bras et deux coups de sabre, le 5 novembre 1757, à la bataille de Rosbach.

Décorations. — Chevalier de Saint-Louis, le 16 mai 1762.

Resté sans alliance connue, il fut le dernier seigneur de la Guérinière de son nom.

Il figure à la page 320, Tome IIIᵉ, 2ᵉ partie, de *L'impôt du sang ou La Noblesse de France sur les champs de bataille* (1), avec un homonyme, lieutenant au régiment de Champagne, blessé à la bataille de Parme, le 29 juin 1734. Celui-ci, dont nous avons pris en même temps les états de service, devint également capitaine d'infanterie en 1743, et chevalier de Saint-Louis en 1748; mais comme il est porté sous le seul nom de Tesson sans autres indications, c'est-à-dire sans prénoms, filiation, date et lieu de naissance, surnom de sieurie, il nous a été impossible de le distinguer.

Branche aînée du Buat

L'auteur de cette branche est *Pierre* Tesson, marqué dans la Recherche de Chamillart comme écuyer, sieur de L'Estang, demeurant paroisse du Buat, sergenterie Corbelin, élection de Mortain, âgé de 56 ans en 1666, marié à Dᵉˡˡᵉ Charlotte Hullin en 1652 et frère cadet de (vii) Jean Tesson, écuyer, seigneur de la Guérinière, époux de Marguerite Le Gager.

Il n'existe, au cabinet des titres, aucune pièce spéciale à cette branche. Nous avons donc établi sa généalogie uniquement avec le dépouillement des registres paroissiaux du Buat.

---

(1) Publié par Louis Paris sur le manuscrit unique de la bibliothèque du Louvre, brûlé le 23 mai 1871, sous la Commune.

Ces registres commencent en 1636 pour les inhumations, 1637 pour les baptêmes et 1644 pour les épousailles.

On y trouve, à la date du 7 septembre 1650, l'inhumation de dam^elle Jacqueline du Mesnil, femme de mons^r de Lestang.

Il est donc permis de supposer, quoique la Recherche de Chamillart ne parle que du mariage Hullin, que *Pierre* Tesson avait épousé précédemment une demoiselle du Mesnil, de la branche de la Masure, au Buat, ce qui l'aurait déterminé à fixer sa résidence dans cette paroisse. En outre, le dépouillement des registres paroissiaux de la Chapelle-Urée nous a fait découvrir qu'il avait contracté antérieurement (3 juillet 1642) union avec Gillette Poulain, veuve du sieur de Lazeraye.

Le 27 février 1661 : « Jean Payen, écuyer, sieur de la Lande (à Cormeray dans le canton de Pontorson et de la famille des sieurs Payen de Montchouet à Chalandrey) et dam^elle Marye Tesson ont espouzé dans l'église du Buat. »

Le 11 avril 1683, inhumation dans l'église du Buat, proche de l'autel de Notre-Dame, en présence de ses fils, par le prieur de La Mancellière, de Marie Tesson, damoiselle de Ia Lande (Payen).

Quelle était cette Marie Tesson, dame Payen, dont on n'indique point la filiation ? Nous l'ignorons ; une fille peut-être du premier ou du second lit de *Pierre* Tesson.

VII

Pierre Tesson (1610-1692), écuyer, sieur de l'Estang, demeurant au Buat, fils cadet de (vi) Jacques, seigneur de la Guérinière, et de Charlotte de la Broïse, épousa Charlotte Hullin (1627-1699) en 1652 (R. Ch., p. 731) (1), dont :

VIII. *Jacques*, qui continue la filiation.

VIII. Anne, dont on ne trouve que le baptême, à la date du 23 juin 1665, et qui est sans doute la compagne de Jean-Baptiste-Gaston Gaultier, seigneur de Saint-Pierre, dont la fille Anne épousa, le 4 mai 1721, Jean-Justin de Chabert, seigneur de Champeaux (*Champeaux et ses seigneurs*, par Mgr Deschamps du

---

(1) Michel Hullin, écuyer, seigneur du Neufbourg-de-Vains, nomma leur premier enfant, baptisé le 5 mars 1654.

Manoir, Prélat du Saint-Siège, page 272 du Tome X des Mémoires de la Société d'Archéologie d'Avranches et de Mortain).

VIII. Marie, née en 1670, mariée le 5 février 1703 à Cosme de Taillefer, demeurant en la paroisse d'Isigny, fils de feu René, sieur du Boisgarnier (à Chalandrey), et d'Anne-Louise d'Auteville.

VIII

JACQUES (1659-1737), sieur des Cours, marié avant 1703 à Louise Guilgaud (1680-1758), fille de Claude, sieur de la Rivière, qui signe en toute occasion : de Larivière Guilgaud. De cette union vint :

IX

PIERRE, sieur des Cours et seigneur de la Masure (1), né en 1711, marié le 19 janvier 1743 à Carnet près Saint-James à Louise-Marie Godefroy (1719-1748) (2), fille de feu Louis-Julien Godefroy, sieur des Bourdonnais, licencié aux lois, et de noble dame Perrine de Lepaul, dame de Codeville. — Leurs enfants furent :

X. — Louise, née le 7 février 1745, mariée le 25 novembre 1766, à Charles-François-René du Buat (1736-1771), chevalier, seigneur et patron présentateur du Buat, fils de feu Charles du Buat (1703-1765), chevalier, seigneur et patron présentateur dudit lieu et de noble dame Françoise du Bosc, sœur cadette de Charlotte du Bosc, épouse de Germain-*René* Tesson,

----

(1) La paroisse du Buat ne contenait que deux fiefs : Le Buat et La Masure, vavassorie ou arrière-fief dépendant de celui de Saint-Hilaire-du-Harcouët.

(2) Sa sœur, Renée-Marguerite Godefroy, épousa, le 4 février suivant, Gilles-Anne Guiton, écuyer, seigneur de la Villeberge à Montanel (canton de Saint-James), fils de Joseph-Marie Guiton, écuyer, seigneur de Guivray, aussi à Montanel, et de noble dame Julienne-Anne de la Villette (mariés le 17 mars 1713, à Fougères).

chevalier, seigneur et patron de La Mancellière. M. M., p. 98 (1).

Lesdits Charles-François-René du Buat et Louise Tesson eurent pour fils : Raoul-*René*-Philippe du Buat, né le 21 juin 1770, mort en 1801, sans alliance. Sa mère et lui, dernier seigneur et patron de la paroisse du Buat, sont marqués *absents* dans le catalogue des gentilshommes de Normandie, qui prirent part ou envoyèrent leur procuration aux Assemblées de la Noblesse pour l'élection des députés aux États-Généraux de 1789 (Bailliage secondaire de Mortain, p. 47).

Louise Tesson hérita seule, en novembre 1801, de son dit fils René du Buat par l'effet anormal de l'art. 69 (succession ascendante) d'une loi-décret des 17-21 nivôse, an II (6-10 janvier 1794), alors en vigueur et abrogée seulement en 1803.

X. — Pierre-Philippe-Louis-Julien (1747-1790), seigneur de la Masure, sans alliance.

X. — *Jean-Gilles*, qui suivra, né le 4 août 1748. Il perdit sa mère le lendemain de sa naissance et fut nommé par Gilles-Anne Guiton, seigneur de la Villeberge, son oncle maternel, et par Jeanne-Renée du Gager.

En 1789, le seul noble de la paroisse de Chalandrey était *Pierre* Tesson, chevalier, seigneur de la Fremondais (2), à la limite du Buat, proche la Masure. C'est probablement le susdit (IX) *Pierre* Tesson, sieur des Cours et seigneur de la Masure, dont nous n'avons point trouvé le décès dans les anciens registres paroissiaux du Buat. *Pierre* Tesson des Cours assista au mariage de sa fille Louise avec M. du Buat, en 1766, et il n'est point marqué défunt sur l'acte de décès de son fils aîné, du 26 avril 1790, où il est toujours dit sieur des Cours.

X

JEAN-GILLES (1748-1835), resté sans alliance, hérita à la mort de sa sœur, Louise Tesson, dame du Buat, du château et de la

---

(1) Catherine-Henriette du Bosc, leur sœur aînée, épouse de Georges-Philippe de Bordes de Chalandrey, devint dame du Mesnil-Rainfray.

(2) *Le Diocèse d'Avranches* par le chanoine Pigeon, page 505.

terre du Buat; mais il continua à habiter son manoir des Cours.

Ledit Jean-Gilles Tesson du Buat fut le grand bienfaiteur de sa paroisse dont il fit bâtir le presbytère, en 1820, et l'église peu après. Il dota aussi la cure d'un assez beau revenu.

Il mourut le 18 janvier 1835. Le château et la terre du Buat revinrent à M. Gustave-Romain-Martial de Clinchamp (1775-1861), institué son légataire universel par testament olographe en date du 5 mai 1826. Le légataire était fils de Léonor ou Léonard-Pierre-Marie de Clinchamp, seigneur de Juvigny et de Lariant en Précey, et de Louise-Marie Guiton, fille de Gilles-François (probablement pour Gilles-Anne) Guiton, chevalier, seigneur de la Villeberge, et de Renée-Marguerite Godefroy (*Maison de Clinchamp, histoire généalogique,* par J. Noulens, pages 683, 685, 958, 959). — M. Gustave de Clinchamp était donc, par les Guiton et les Godefroy, le neveu à la mode de Bretagne du testateur.

LA CHAPELLE-URÉE

Tome XI des *Mémoires*, p. 407

P. 408 : « Le domaine de la Chapelle-Urée fut aliéné par
» petites portions, en sorte qu'il n'y avait en cette paroisse
» aucun fief important. On voit par la charte de Navarre (1401),
» que le fief de Chassegué avait une extension dans La Cha-
» pelle-Urée et appartenait alors à Jean d'Orange, écuyer, à
» cause de sa femme. Quelle terre de la Chapelle-Urée était
» unie alors au fief de Chassegué, rien ne le fait connaître (1) :

---

(1) Si l'abbé Masselin avait dépouillé les anciens registres parois-siaux de La Chapelle-Urée, ce qui devrait toujours être fait lorsqu'il s'agit d'une monographie, il y aurait vu, à la date du 28 mai 1730, que le fief de La Chapelle, dépendant de Chasseguey, était celui des Adam de Boisadam. Il eût trouvé le même renseignement dans l'In-ventaire-Sommaire des Archives de la Manche, également indispen-sable à consulter en pareil cas. Série A. 1016.

» on voit seulement que plus tard les de Saint-Gilles, devenus
» seigneurs de Chassegué, prenaient en même temps le titre de
» seigneurs de La Chapelle-Urée. »

────────────

Il y avait à La Chapelle-Urée trois fiefs de ce nom qui se distinguaient par des surnoms et que nous avons fait connaître, p. 49 à 56, de notre Monographie de la Mancellière :

1° Le fief du Roy, cédé par le duc de Montpensier, et uni aux cinq fiefs de La Mancellière à fin d'érection en un plein fief de haubert.

2° Le Grand Fief de La Chapelle-Urée qui était précisément l'extension de Chasseguey dont parle l'abbé Masselin. Les historiens du Diocèse d'Avranches et du Mortainais l'appellent Chaergne, mauvaise lecture évidente de Chassegué. Les seigneurs de ce fief avaient donc parfaitement le droit de prendre le titre de Seigneurs de La Chapelle-Urée. C'est sur ce fief, à la Grande-Epelengère, qu'a été bâti le manoir du Bois-Adam, entre les paroisses de Reffuveille, de Montigny et de La Mancellière.

3° Le fief du Boullevert près de l'église, tenu de Vezins pour un huitième de haubert.

────────────

P. 409. L'abbé Masselin parle de la famille Adam, surnommée de Boisadam, que nous pouvons faire connaître. plus exactement, ayant dépouillé les anciens registres paroissiaux de La Chapelle-Urée, lesquels commencent en 1617. On la voit figurer pour la première fois sur ces registres en 1697. Elle habitait encore Reffuveille, en 1696, comme le prouvent les registres de cette paroisse commençant cette même année.

■

Charles Adam, sieur des Fontaines, veuf de Catherine de Launay, époux en secondes noces de Gillonne Tesson (1) de la Chasteignerays (M. M., p. 169), dont :

II. — Françoise Adam, mariée à La Chapelle-Urée, le

────────────

(1) Gillonne Tesson (1662-1736), décéda au Tertre, en Reffuveille, et fut inhumée dans la chapelle Sainte-Anne de cette église.

28 septembre 1707, à Pierre Rioult (1), sieur des Demaines en La Mancellière, licencié en droit, mort en 1720 ; remariée à La Mancellière, le 6 juin 1721, à François Maillard, sieur de la Chantellerie, bachelier, licencié en droit civil, de la paroisse du Buat, fils de Pâques Maillard et de Louise de Ganes.

II. — Julienne-Susanne Adam, née à La Chapelle-Urée, le 4 août 1697. Elle épousa à Montigny, le 26 janvier 1713, Henri du Mesnil, sieur de la Cochardière, fils de Jules du Mesnil, sieur de la Gondinière et de Jeanne Dufresne. .

II. — Jacques-René Adam, né le 17 novembre 1701, qui continue la filiation.

Ledit Charles Adam, sieur des Fontaines, mourut âgé d'environ 80 ans, à La Grande-Epelengère, et fut inhumé le 9 août 1741, dans l'église de Reffuveille, qui se trouvait alors au bas de sa propriété.

II

Jacques-René Adam est qualifié sur les registres paroissiaux : écuyer, Garde-du-Corps du Roi, seigneur du fief de La Chapelle, dépendant de Chasseguey, et, successivement : sieur de Boisadam, ancien Garde-du-Corps du Roi, officier de l'Hôtel Royal ; lieutenant d'une compagnie de soldats détachés de l'hôtel royal ; officier d'invalides au château royal.

Le 26 mars 1726, Philippe de la Bazoge, seigneur et patron de la Bazoge, bailla audit seigneur de Bois Adam (ainsi sur l'acte) à titre de fieffe pure et simple, annuelle et perpétuelle, le Grand Fief de La Chapelle-Urée pour le prix et somme de cent-vingt livres de rente foncière. Il fut plégé et cautionné par le sieur des Fontaines, son père.

Il eut d'Anne de Launay (sœur du sieur de la Pasturelière, à Reffuveille), sa compagne :

III. — Gillonne-Jeanne-Anne Adam, née le 28 mai 1730, mariée le 27 janvier 1756 à Richard de Lentaigne, de Martigny,

---

(1) On trouve dans les reg'stres paroissiaux de La Chapelle comme parrain, le 9 avril 1738 : Jacques-René Rioult, écuyer, sieur des Demaines, Garde du Corps du Roi.

Conseiller du Roi, Lieutenant civil et criminel des traites et quart bouillon de l'élection de Mortain, fils de feu Pierre de Lentaigne, en son vivant Conseiller du Roi, receveur ancien des tailles de Mortain, et de Marie-Madeleine Le Roy.

III. — Charlotte-Marie Adam, née le 6 novembre 1735, mariée à Reffuveille, le 29 novembre 1759, à François Hardy, sieur de la Gilardière, fils de feu Jean Hardy, sieur de Lantillère et petit-fils d'autre Jean Hardy, sieur de la Vallée, présent au mariage. Devenue veuve, elle épousa en secondes noces, à La Chapelle-Urée, le 13 août 1768, malgré l'opposition de sa famille, Gilles Caillot, receveur des Aides à Brécey, de la paroisse Saint-Sauveur de Paris. Il n'appartenait donc pas à la famille des Caillot du Mesnil-Adelée, alors éteinte.

III. — François-Georges-Jacques Adam, dernier du nom, qui suit :

III

François-Georges-Jacques Adam de Boisadam, né à La Chapelle-Urée, le 7 avril 1737, décédé sans postérité, en son logis de la Grande-Épelengère, le 6 avril 1821, ancien Capitaine de Gendarmes de la Garde du Roi, chevalier de l'ordre royal et militaire de Saint-Louis, pensionné de sa Majesté, veuf de Jeanne-Maria Payen (1), de la branche des Payen de la Fresnaye aux Chéris.

Le manoir de la Grande-Épelengère, construit par les Adam, est flanqué à l'est et à l'ouest de petits bois, d'où son surnom de Bois-Adam, qui n'a rien d'officiel. L'explication donnée à ce propos par l'abbé Masselin, p. 409, est complètement imaginaire.

---

(1) Dans les registres paroissiaux de Reffuveille, c'est, à la date du 8 août 1778 : noble dame Marie-Jeanne-Renée Payen, au lieu de Jeanne-Maria.

REFFUVEILLE

TOME XI DES *Mémoires*, P. 415

Julien Pitard dit dans son manuscrit à l'article de Reffuveille, que c'est le fief des Touches qui donne le patronage.

P. 418, l'abbé Masselin, qui fut curé de Reffuveille, dit aussi que c'était à la possession de la vavassorie des Touches qu'était attaché, en 1401, le titre de patron honoraire et de seigneur de Reffuveille ; mais que vers le commencement du xviiie siècle, la seigneurie et le droit de nomination (1) passa au possesseur du fief du Rosay ou du Rosel.

Dans son article sur cette paroisse, paru dans l'Annuaire de la Manche, de 1885, M. Hipp. Sauvage dit p. 37 :

Que le titre seigneurial de Reffuveille paraît avoir été divisé.

Que sous la qualification de chef-seigneur de Reffuveille, les possesseurs du fief de Fontenay-le-Husson (2) étaient seigneurs honorifiques ou honoraires de Reffuveille.

Mais que le patronage et le titre effectif de seigneur de la paroisse était pris, en même temps, dans les actes publics, au xviie et au xviiie siècle, par la famille de La Barberie, qui avait concentré dans ses mains la plupart des domaines principaux de Reffuveille, et particulièrement celui de La Barberie.

Ce qui est certain, c'est que Jean Tesson, écuyer, Conseiller et Avocat du Roi à Mortain, seigneur des fiefs d'Asnières, de la Fosse et du Bois-Ambroise à Reffuveille, prenait en 1632 et encore en 1646 (3) les titres de seigneur et patron de Reffuveille.

---

(1) Selon lui, les religieux et l'abbé de la Luzerne qui avaient le droit de présentation, étaient tenus à faire agréer le religieux qu'ils présentaient par le seigneur, et c'était celui-ci qui le nommait (sic).

(2) Le fief de Fontenay étant passé de la famille de ce nom dans celle du Husson, cette paroisse s'appela assez longtemps Fontenay-le-Husson. Ses seigneurs furent ensuite les de Saint-Germain et les de Saint-Gilles.

(3) Carrés de d'Hozier. Vol. 594, p. 265-266, Bibl. Nationale. Cabinet des titres.

Dans une requête, il déclare qu'il a perdu plus de la tierce partie de son..., un rigoureux arrêt donné au Parlement de Paris, le 6 septembre 1638, l'ayant évincé des terres de Signy à Reffuveille, et de Maisoncelles à Saint-Clément, dont la propriété avait été adjugée à M. de la Hache, avec restitution de fonds et levées de dix ans à Monseigneur le duc d'Orléans, frère unique du Roi.

Le manuscrit de Julien Pitard nous fournit sur ce de la Hache les renseignements suivants :

N. de la Hache, par son mariage avec Françoise de Signé, héritière de ce fief de Signé, en devint seigneur au commencement du XVIIe siècle. Ils n'eurent qu'une fille, Madeleine de la Hache, dame de Signé, sur l'état de laquelle il y eut de grands procès, parce qu'elle n'avait jamais paru du vivant de son père, et qu'on la prétendait supposée. Mais enfin, ayant été déclarée légitime héritière, elle épousa Louis de Chanteloup, père de Jean-Charles de Chanteloup, à présent seigneur de Signey et de Maisoncelles.

On lit à l'article de Bordeaux (de La Rivière-Bordeaux) :

Il est fait mention dans l'inventaire du chartrier de Mortain d'une fieffe faite par monsieur le duc de Montpensier de la vavassorie de Maisoncelles au sieur de Bordeaux, l'an 1601 ; mais comme il y eut procès pour la cassation de ce contrat qui, effectivement, dépouillait les anciens propriétaires, je ne sais sous quel prétexte, il n'eut point lieu, et cette vavassorie est encore à présent possédée par le sieur de Chanteloup, seigneur de Signy, successeur de Guillaume de Signey, qui en avait rendu aveu l'an 1511.

C'est une vavassorie contenant 240 acres de terre à cause de laquelle le propriétaire était obligé d'entretenir une cloche en la chapelle dudit lieu et icelle sonner par chacun jour demi-heure au soir, moitié de jour moitié de nuit, pour redresser les pèlerins égarés. C'est que Maisoncelles était au bord de la forêt (de Lande-Pourrie). Je crois qu'il était aussi obligé de les loger, et il y a apparence que cette inféodation s'était faite ainsi par rapport à la dévotion de Saint Firmat. Mais comme ce lieu est à présent éloigné de la forêt par les défrichements qui se sont faits, la chapelle et un certain revenu qui y était attaché en faveur des pèlerins ont été transportés dans la ville de Mortain pour en faire ce qu'on appelle l'Hôtel-Dieu, dont le sieur de

Seigney possesseur de Maisoncelles a droit de nommer le chapelain qui en est administrateur.

L'Inventaire-Sommaire des Archives de la Manche, A. 1947, nous fait connaître la raison ignorée de l'historien feudiste du Mortainais :

1601-1607. — Maisoncelles-la-Jourdan : pièces produites au procès pendant entre Monseigneur de Montpensier, comte de Mortain, et le sieur de La Rivière-Bordeaux, pour démontrer la fraude commise par ledit sieur, au préjudice de Monseigneur, lors de l'inféodation de trente acres de terre jointes au fief de Maisoncelles ; — déclaration par le menu de la consistance du fief de Maisoncelles ; — état et mémoire des frais faits par Michel Sequart, pour l'exécution de sa commission contre le sieur de La Rivière-Bordeaux ; — inventaire des aveux de Maisoncelles ; — arrêt de la Cour du Parlement de Rouen contre le sieur de La Rivière-Bordeaux, Jean Pihan et autres, par lequel les témoins dudit sieur de Bordeaux sont condamnés, les uns au fouet, les autres au gibet pour crime de fausseté.

P. 421. — « Autres familles nobles qui ont habité Reffuveille. »

L'abbé Masselin a omis François Tesson, écuyer, qui, quoique sieur de l'Officière en La Mancellière (M. M. p. 169), habitait Reffuveille, comme le prouvent les actes suivants que nous avons relevés dans les anciens registres paroissiaux de cette commune, lesquels ne commencent qu'en 1696 :

30 janvier 1711. — Naissance de Gillonne-Henriette Tesson, fille de François, écuyer, et de Madeleine de la Chambre.

11 août 1728. — Inhumation dans la chapelle Sainte-Anne de l'église de Reffuveille, de François Tesson, écuyer, âgé d'environ 66 ans.

Madeleine de la Chambre, sa compagne, mourut âgée de 81 ans, le 1er juillet 1758, à Dragey.

15 juillet 1734. — Mariage de Georges-Clair Girre, sieur de Prémartin, fils de feu Nicolas-Gaud Girre, sieur des Vallées, et de demoiselle du douit, avec Gillonne-Henriette Tesson,

fille de feu François, sieur de l'Officière, et de Madeleine de la Chambre.

Marie-Anne Girre, leur fille, épousa à Dragey, le 26 novembre 1765, René-Marie Ernault, écuyer, seigneur de Chantore, la Rousselière, Bacilly, fils de feu Antoine et de noble dame Marie-Françoise Martin.

10 février 1781. — Décès, à la Cour (1), de Gillonne-Henriette Tesson, veuve du sieur Georges-Clair Gires de Prémartin.

L'omission de l'abbé Masselin a l'inconvénient de faire croire que Jean Tesson, qu'il cite à la p. 419 comme ayant porté un moment le titre de seigneur et de patron honoraire de Reffuveille, habitait cette paroisse, tandis qu'il résidait alors à Mortain pour les devoirs de sa charge et au Pont en Montigny. François n'est pas, d'ailleurs, un de ses descendants; il appartenait au rameau de la Chasteignerays. L'abbé Masselin dit que c'est probablement par suite d'un accord avec Jean Tesson, que les de la Barberie prirent le titre de seigneurs et patrons honoraires de Reffuveille.

MONTIGNY

TOME XI DES *Mémoires*, p. 465

P. 467. — Généalogie des sieurs du Pontesson.

Les derniers sieurs du Pontesson (berceau des derniers seigneurs de La Mancellière) ont été les derniers seigneurs du Mesnil-Bœufs. Les sieurs du Pontesson venaient de Virey. Ce rameau de Virey venait lui-même de La Mancellière où il retourna en partie.

---

(1) La Cour, à douze cents mètres à l'est de l'ancienne église de Reffuveille.

I. — THOMAS TESSON, écuyer, seigneur de la Guérinière au Grand-Celland, seigneur de Celland en partie. M. M. p. 124.

II. — JEAN-LE-JEUNE, seigneur en partie de la Guérinière et de Celland, époux de Perrine de Maigney, dame des Planches à Brécey. M. M. p. 134.

III. — GUILLAUME-LE-JEUNE, sieur de la Hercendière et de la Bretonnière à la Mancellière, seigneur de Celland en partie, marié à Hélène Gallouin du Mesnil-Tôve, dame de la Pasturelière en Refluveille, par accord du 3 décembre 1504, postérieur à la célébration du mariage. M. M. p. 151.

IV. — THOMAS, sieur de la Hercendière et de la Pollinière, seigneur de Crépon, en la Mancellière, seigneur de Celland en partie, marié à Michelle Lucat de la Retournerye. Accord pour substitution de dot passé à Mortain, le 6 décembre 1535, postérieurement à la célébration du mariage. M. M. p. 154.

RAMEAU DE VIREY

Les registres paroissiaux de Virey commencent en 1608 pour les baptêmes et les mortuages; mais ils manquent de 1615 à 1644. A partir de 1645, on y trouve aussi les mariages.

En 1653, le baptême des deux cloches de l'église de Virey nous fait voir que les coseigneurs de la paroisse étaient alors Jacques de Guenel et Louis de Chérencey. Le 19 janvier 1660, Jacques Guenel est dit sieur de Virey et de la Chiquennière (1). Le 3 juillet 1663, Charles Guenel, sieur du Plessis, appelé également le sieur du Plessis Guenel, fut inhumé dans le chanceau de l'église, ce qui indique le patronage. Ce nom est aussi écrit Guernel et Quernel. Louis de Chérencey (2), cité en second lieu, est dit sieur du Jardin et de Virey.

Après les Guernel ou Quernel, les seigneurs de Virey furent successivement les de Gaallon, les Fortin, et les Delabey, de L'abbay ou de l'Abbé.

---

(1) La Chicannière entre La Pichardière-du-Logis et La Bliais

(2) La terre de Chérencey est auprès et au nord de La Pichardière-du-Logis.

Les de Gaallon, n'étant plus seigneurs de Virey, habitèrent encore cette paroisse à la Pichardière-des-Bois et au Colombier.

V

JULIEN Tesson, seigneur du Plessis (1) et de la Pichardière-des-Bois (2), en Virey, où il habita au moins en dernier lieu La Bliais (3), sieur de la la Pollinière en La Mancellière, seigneur de Celland en partie, marié vers 1570 à Marguerite Le Gager. M. M. p. 158.

Comme nous venons de le voir, les Guenel eurent après lui la terre du Plessis, qui était un démembrement de l'ancienne seigneurie de Virey, puisque les premiers seigneurs de ce nom l'avaient concédée à l'abbaye de Savigny pour y fonder un prieuré en 1156. C'est sans doute pour cela que le nobiliaire manuscrit du docteur Olive à Bayeux donne aux Tesson le titre de sieurs de Virey.

Ses enfants furent :

VI. — *Jean*, auteur du rameau du Pont à Montigny.

VI. — Jacques, sieur de la Pichardière-des-Bois, mort en 1652.

VI. — François, auteur du rameau de la Pollinière à la Mancellière. M. M. p. 315.

VI. — *Julien* qui suit :

VI

JULIEN, sieur de la Bliais, marié en premières noces à Susanne du Buat, et, en secondes noces, par traité du 27 janvier 1727, à Renée de Gouvetz, de Vernix. De cette seconde union vinrent :

---

(1) Le Plessis, à 2 kilomètres au S.-O. de l'église.

(2) Il y a à Virey deux Pichardière : La Pichardière-du-Logis, qui doit indiquer le logis seigneurial, à quinze cents mètres au N.-E. de l'église, et La Pichardière-des-Bois au Sud du Plessis.

(3) La Bliais, à un kilomètre à l'O.-N.-O. de l'église.

VII. — Jean (1636-1661), sieur du Teil près de la Bliais, mort au service à l'île de Ré et inhumé dans le cimetière de Sainte-Catherine de la Flotte. M. M. p. 161.

VII. — *Jacques*, sieur de la Bliais, qui suivra.

VII. — Gauvain, sieur de la Farulière (1), auquel fut délivré, le 8 septembre 1674, attestation pour trois bans faits entre lui et Jeanne Le Noir, de la paroisse de Montault en Bretagne. Mort en 1706.

Cinq actes de baptême, de 1708 à 1714, montrent que Jean-Baptiste de la Barberie, écuyer, sieur d'Avalis, au Mesnil-Thébault, avait épousé Anne Tesson, qui doit être évidemment une fille de Gauvain, puisque Louis de la Barberie (1710-1758), leur fils, se voit, à partir de 1723, avec le titre de sieur de la Farulière (2).

VII

JACQUES (1640-1707), sieur de la Bliais, marié le 16 janvier 1670, au Buat, à Anne du Buat, dont :

VIII. — Jeanne-Marguerite, née le 18 novembre 1671,

---

(1) La Farulière, entre La Pichardière-des-Bois et la Sélune.

(2) Extraits des registres paroissiaux de Virey :

25 novembre 1773.— Mariage entre Jean-Baptiste-Antoine Le Forestier, fils de feu Alexandre-Claude, sieur de la Foresterie et de noble dame Claude-Antoinette Douëssy d'Olandon (Douezy d'Ollendon), ses père et mère, originaire de la paroisse de Beslou (3), diocèse de Sées, et y résidant, avec noble demoiselle Renée-Elisabeth de la Barberie, fille de défunt Louis de la Barberie, sieur de la Maillardière, Avalis et autres lieux et de noble dame Anne-Louise-Elisabeth de la Faucherie.

30 novembre 1773. — Le corps de noble dame Anne-Elisabeth de la Faucherie, veuve de Louis de la Barberie, sieur de la Farulière, décédée au Chamin (à la limite de Naftel), en cette paroisse, la nuit du 28 au 29 du présent, âgée d'environ 67 ans, a été inhumée dans le cimetière.

Par suite de l'union ci-dessus la famille Le Forestier sa fixa d'abord à Rousseigne ou Roussigne, puis aux Champs où s'élève leur château actuel près de l'église.

(3) Bellou-en-Houlme, de l'élection de Falaise, et aujourd'hui de l'arrondissement de Domfront, canton de Messy (Orne).

mariée, le 2 novembre 1696, à Gilles Féré, écuyer, sieur du Val, fils d'André, sieur de la Galaisière, à Virey, et de Claude Tesson de la Hercendière, M. M., p. 165. Morte le 20 mars 1711.

VIII. — Gillette-Louise, née le 22 février 1673, que l'on retrouve en 1712 et 1718, sous les prénoms de Gillonne-Louise ou simplement Gillonne, épouse de Louis Gaultier, écuyer, sieur de la Salle. (Voir notre Armorial, p. 58-59, n° 71; 112, n° 122; et p. 201.)

Michel Gaultier, écuyer, était sieur de la Bliais en 1729.

RAMEAU DU PONTESSON A MONTIGNY

Les registres paroissiaux de Montigny commencent en 1651.

VI

Jean, écuyer criblé de blessures pendant les guerres de la Ligue, sieur de la Pollinière, seigneur et patron de Reffuveille, seigneur en partie et patron fondateur de La Mancellière, Conseiller et Avocat du Roi à Mortain, Lieutenant vicomtal en ce lieu, Député aux Etats Généraux de 1614; mort en 1648 ou 1649; marié par contrat du 3 septembre 1609 à Anne du Mesnil, dame du Pont à Montigny (M. M., p. 69), dont :

VII. — Léonore : 1° dame d'Auray des Abbayes à La Chaise-Baudouin (voir St Pois); 2° dame du Saussey (Jean), appelé sieur de Servigny (1) dans les Mémoires de la comtesse de la Chaux : Renée-Françoise Doynel de Montécot, dame de Montreuil, cahier XI, article Gouvetz, au chartrier du château de Rasnes (Orne). — M. M., p. 82.

VII. — Jean qui suit :

---

(1) Jean du Saussey est dit sieur du lieu, dans les registres paroissiaux de Montigny (17 juin et 14 décembre 1653). Cependant, dès la Recherche de Montfaut, en 1463, cette famille n'avait plus la seigneurie de la paroisse de son nom près de Coutances, tandis que dans cette Recherche et celles de Roissy et de Chamillart, on trouve des du Saussey, seigneurs et patrons de Servigny (canton de Saint-Malo-de-la-Lande, arrondissement de Coutances).

VII

Jean, sieur du Pontesson, colonel de la milice et capitaine des gentilshommes du bailliage de Mortain, auteur du rameau des seigneurs de La Mancellière, dont il acquit le grand fief et le manoir seigneurial en 1653-55 (M. M., p. 75). Marié, par contrat du 7 novembre 1646, à Marguerite Le Prévost de Grandchamp au diocèse de Lisieux, dont :

VIII. — Robert, capitaine de la milice, qui continue le rameau des seigneurs de La Mancellière (M. M. p. 83).

VIII. — Gillonne, dame de Gaallon de Dorière.

VIII. — Léonore, née à Montigny en 1653, dame du Mesniladelée de Saint-Maur-des-Bois.

VIII. — *Etienne*, sieur du Pontesson, né à Montigny en 1657 (1), auteur du rameau des seigneurs du Mesnil-Bœufs, qui suit.

VIII. — Catherine, née à la Mancellière en 1665, dame Cochard du Pont-Dauphin. M. M. p. 92.

Rameau des Seigneurs du MESNIL-BŒUFS

VIII

Etienne, lieutenant de la noblesse du comté de Mortain,

---

(1) On trouve dans les registres paroissiaux de Montigny les baptêmes de deux Etienne Tesson, fils de Jean, aux dates des 14 septembre 1653 et 25 février 1657. Le premier reçoit le prénom de son parrain : Etienne du Buat, seigneur du Buat ; le second est tenu sur les fonts baptismaux par Charles d'Auray, seigneur de Coulouvray, qui ne lui donne pas son prénom, contrairement à la règle. C'est donc évidemment que le premier Etienne était mort au moment de la naissance du second et que l'on voulait ainsi perpétuer son souvenir.

Sur son acte d'inhumation du 3 mai 1712, Etienne est dit âgé d'environ 58 ans, ce qui le fait naître deux ans après Etienne I, et trois ans avant Etienne II. Ce n'est pas la première fois que nous remarquons, quand nous avons pu retrouver les actes de baptême des défunts, que le *viron* des curés n'est souvent approximatif qu'à trois ans près.

sieur de la Viéville en La Mancellière, sieur du Pontesson, seigneur et patron du Mesnil-Bœufs, en 1701.

Inhumé dans le chanceau de cette église en 1712.

Marié à Renée de Ponthaud, dame de Saint-Brice-en-Passais et de Villaine (à Domfront), dont :

IX. — Marguerite-Julienne, née le 6 juin 1687, à Montigny ; mariée, le 30 septembre 1705, au Mesnil-Bœufs, à René Gaudin, écuyer, sieur du Plessis, de la paroisse de La Godefroy.

Morte, le 5 février 1759, en son château du Mesnil-Bœufs, et inhumée dans le chœur de l'église, étant veuve de Messire René Gaudin, chevalier, seigneur et paton honoraire du Mesnil-Bœufs, présentateur de Saint-Brice, seigneur du Plesssis, de Villaine et autres lieux.

IX. — *Jean-Jacques*, né le 1ᵉʳ et baptisé le 2 mars 1694, à La Mancellière, qui suivra.

IX. — Jeanne-Marguerite, née en 1697 à Montigny, mariée le 26 février 1724 au Mesnil-Bœufs, à Robert de la Goulande, écuyer, sieur du lieu, Avocat au Parlement de Paris, Conseiller du Roi et son Procureur dans la Maîtrise des Eaux et Forêts de Domfront et Falaise et Subdélégué de Monseigneur l'Intendant de la Généralité d'Alençon, de la paroisse de Champsecret au diocèse du Mans, fils de feu Messire François de la Goulande, écuyer, sieur du lieu, Conseiller du Roi et son Procureur dans la Maîtrise des Eaux et Forêts de Domfront et Falaise, et de noble dame Jeanne des Landes.

IX. — Guillaume-Etienne, sieur du Pontesson, né à Montigny en 1700, assassiné à Caen, le 21 avril 1718, par Marie Exmelin de Marly, dame du Mesnil-Patry. M. M. p. 84.

IX.— Anne, dite damoiselle de Saint-Brice, née à Montigny en 1701, mariée le 6 novembre 1723 au Mesnil-Bœufs, à Messire Etienne-Anne de Launay, écuyer, sieur de la Normanderie, de la paroisse de Céaucé, évêché du Mans, fils de Messire Louis de Launay, écuyer, sieur d'Etienville, Conseiller Secrétaire du Roi honoraire Maison Couronne de France et de ses Finances et de dame Claude Rabouïn.

IX

Jean-Jacques, seigneur et patron du Mesnil-Bœufs, de Saint-Brice, du plein fief de Villaine, du Pontesson et autres terres et seigneuries, marié le 8 août 1718 au Mesnil-Bœufs, par permission spéciale, avec Catherine-Susanne de Gosselin, de la paroisse de Martigny, fille de feu messire David de Gosselin, vivant chevalier, seigneur de Martigny, Lussé, la Graverie, Compeinville et autres fiefs, et de noble dame Louise Dully (1), dame de Martigny.

Le 23 mai 1720, nous les retrouvons pour la dernière fois, comme parrain et marraine dans un baptême ; Catherine-Susanne de Gosselin, dite noble dame du Mesnil-Bœufs, Martigny et Chasseguey et autres lieux.

Jean-Jacques ne figure point au mariage de sa sœur Anne, en 1723.

Dès 1724, on trouve les Gaudin en possession du titre de sieurs du Mesnil-Bœufs.

Jean-Jacques, second et dernier seigneur du Mesnil-Bœufs du nom de Tesson, mourut donc bien peu d'années après son mariage. Par suite de sa mort et de l'union de sa sœur Marguerite-Julienne, les Gaudin du Plessis sont devenus les Gaudin de Saint-Brice et les Gaudin de Villaine.

Il ne faut pas confondre, comme on l'a fait, (2) le château du Mesnil-Bœufs, qui n'existe plus, avec celui du Bois-Tirel qui a été acquis en 1880 par M. Gaudin de Villaine, officier de cavalerie, descendant des derniers seigneurs du Mesnil-Bœufs. Au siècle dernier, le château du Mesnil-Bœufs fut habité par les Tesson du Pontesson et les Gaudin du Plessis, et, celui du Bois-Tirel par les de la Faucherie jusqu'au trépas, en 1784, de Marie-Anne Tesson de la Guérinière, veuve de Jean-Louis de la Faucherie, dont le successeur fut son gendre : François-Paul Certain, écuyer, Seigneur du Bois-Tirel, Conseiller Secrétaire du Roi Maison Couronne de France et de ses Finances,

---

(1) M. E. Lesens écrit ce nom d'Heuly ; « David de Gosselin, né en 1649, chevalier, seigneur de Lussé, marié à Rouen, en 1677, à Louise d'Heuly, fille aînée de Benjamin d'Heuly, chevalier, seigneur de Nouvion et Livet, gouverneur de la citadelle de Courtray, commissaire pour l'exécution de l'édit de Nantes, et d'Anne d'Heuly. » *Nicolas Dericq*, p. 12.

(2) *L'Annuaire de la Manche* de 1882, p. 16, et *Le Diocèse d'Avranches*, par l'abbé Pigeon, p. 513.

son Conseiller Receveur des Tailles en l'élection de Mortain, époux de Marie-Anne-Louise de la Faucherie.

Nous n'avons pas eu besoin de dépouiller les registres paroissiaux du Mesnil-Bœufs avant le xviiiᵉ siècle, sachant par le manuscrit de Julien Pitard que M. Tesson avait acquis cette seigneurie, l'an 1702, de Louis Puchot, sieur de la Pommeraye, maître des comptes à Rouen. Mais, en 1701, sur l'acte de baptême de sa fille Anne à Montigny, Etienne Tesson a déjà le titre de sieur du Mesnil-Bœufs.

Le Pontesson a été racheté des Gaudin de Villaine par les Tesson de la Mancellière en 1841. — M. M. p. 74.

Complément de généalogie pour les autres rameaux détachés de La Mancellière

Robert Tesson et Susanne Caillot du Mesnil-Adelée, qui forment le viiiᵉ degré de la généalogie des seigneurs du Pontesson et de La Mancellière, eurent pour enfants :

IX. — Germain-*René*, seigneur et patron de La Mancellière. M. M. p. 93.

IX. — Georges-Robert, appelé l'abbé de La Mancellière. M. M. p. 100.

IX. — Jeanne-Marguerite, dame d'Avenel de Nantray. M. M. p. 102.

IX. — Jean-Baptiste, l'une des victimes de l'assassinat commis à Caen, le 21 avril 1718, par Marie-Exmelin de Marly, dame du Mesnil-Patry. M. M. p. 84 et 100.

IX. — *Etienne-Julien* qui suivra.

IX. — Gabriel-Joseph (1707-1762), sieur du Fresne, à Noirpalu où il épousa, le 25 août 1744, Charlotte-Julienne Angot, fille de feu Jacques Angot, écuyer, sieur du Fresne, et de Françoise d'Auray :

X. — Madeleine Tesson (1), leur fille, née sur la paroisse

---

(1) Voir pour Madeleine Tesson, baronne de Marcey, devenue veuve, *La Terreur dans le département de la Manche et en particulier Les habitants de la Manche devant le Tribunal révolutionnaire de Paris*, par Sarot, p. 342, 343, 352, 359, 360 et *Les Suspects Avranchinais*, par Mgr Deschamps du Manoir, p. 238 à 256 du Tome X des *Mémoires*.

de Notre-Dame-des-Champs d'Avranches, le 6 août 1747, mourut le 13 juin 1839, à Noirpalu où elle avait épousé, le 17 mai 1763, Jean-Louis de Carbonnel, d'Anctoville, chevalier, seigneur et patron présentateur d'Anctoville et de Belval (1), chevalier de l'ordre royal et militaire de Saint-Louis, officier dans le régiment des Gardes Françaises, fils de défunt Claude-Auguste de Carbonnel, chevalier, seigneur desdits lieux, et de Marie-Jacqueline de Cussy (2). M. M. p. 101 et *Revue de l'Avranchin*, Tome VI, p. 375, 381.

Ledit Jean-Louis de Carbonnel prit part aux Assemblées de la Noblesse de 1789, comme baron de Marcey, seigneur de Belval, etc. (p. 40 du Catalogue). Il était aussi seigneur du fief de Marivaux à Cambernon (3) et de la paroisse de Camprond (4). *Annuaires de la Manche* de 1852, p. 651 et de 1856, p. 3.

IX

Étienne-Julien (1702-1761), sieur de la Viéville (5), seigneur du Bois-Herbert (6) et de la Teillaye (7), Conseiller du Roi et receveur des tailles alternatif de l'élection de Mortain, marié le 12 décembre 1731, au Mesnil-Tôve, paroisse voisine du Mesnil-Adelée, à Elisabeth de la Chambre, fille de feu Henri de la Chambre et de Charlotte Guesdon. M. M. p. 100 et 153. Leurs enfants furent :

X. — *Julien-Jean*, né au manoir du Grand-Aunay, au Mesnil-Tôve, le 8 décembre 1645, qui suivra.

X. — Charlotte-Françoise de Tesson des Forges (8), née

---

(1) Anctoville, canton de Bréhal, arrondissement de Coutances. Belval, canton de Cerisy-la-Salle, même arrondissement.

(2) Les de Cussy, seigneurs de Belval, sont les ancêtres des Cussy, marquis de Jucoville, à La Cambe (Calvados), et de Mandeville (ibid.).

(3) Cambernon, canton de Coutances.

(4) Camprond, canton de Saint-Sauveur-Lendelin, arrondissement de Coutances.

(5) La Viéville, aînesse du fief au Coq à La Mancellière.

(6) Le Bois-Herbert, fief de la paroisse du Mesnil-Gilbert.

(7) La Teillaye, vavassorie de la paroisse de Chérencé-le-Roussel.

(8) Les Forges en Chérencé-le-Roussel.

aussi au Mesnil-Tôve, vers 1753, mariée le 26 janvier 1779, à Mortain, où elle demeurait depuis plus de 12 ans, à Jean-Baptiste-Gabriel de Gallery, seigneur de la Tremblaye, originaire de la paroisse de Mantilly (Orne), où il résidait alors, après avoir habité Le Teilleul, fils de Jean-Baptiste de Gallery, seigneur du Manoir (à Mantilly) et autres lieux, ancien officier au régiment de Soissonnais, et de Jeanne-Renée de Vauborel.

X

Julien-Jean, comte de Tesson (1745-1824), seigneur et patron de Monteille et de Saint-Loup-de-Fribois, châtelain de Montfort, Mont-de-la-Vigne, La Viéville, Bois-Herbert et La Teillaye (1), nommé le 16 mai 1778, écuyer ordinaire de Louis XVI (2).

Il épousa : 1°, le 15 février 1770, en l'église Saint-Jean de Caen, Marguerite-Françoise Harel, dame et patronne de Monteille, née à Fresney-le-Vieux (3), fille de feu François Harel, Conseiller du Roi, ancien Contrôleur en la Chambre des Comptes de Rouen, et de feue Françoise Le Pigeon ; — 2°, par contrat du mois de février 1776, Marie-Louise Dufour, de la paroisse Saint-Roch de Paris, fille de Pierre Dufour et de noble dame Marie-Marguerite Hebert ; — 3°, le 11 mai 1780, en l'église Saint-Paul de Paris : Anne-Agnès-Catherine-Thérèse Daguin de Launac, fille de Charles-Jean Daguin de Launac,

---

(1) Titres (sauf celui de seigneur de Saint-Loup-de-Fribois) du certificat de noblesse qui lui fut délivré en 1778 par Denis-Louis-d'Hozier pour être reçu écuyer ordinaire de Sa Majesté. La seigneurie de Saint-Loup-de-Fribois est, en effet, une acquisition postérieure. Monteille et Saint-Loup-de-Fribois sont deux paroisses contiguës de l'ancien diocèse de Lisieux, aujourd'hui dans le canton de Mézidon, arrondissement de Lisieux (Calvados).

(2) L'écuyer ordinaire venait immédiatement après le premier écuyer, qui était alors le duc de Coigny, nommé en 1774. Le marquis de Coigny, fils du Duc, fut nommé premier écuyer en survivance en 1783.

(3) Fresney-le-Vieux, canton de Bretteville-sur-Laize, arrondissement de Falaise (Calvados).

Chevalier, Conseiller du Roi et Maître honoraire en sa Chambre des Comptes, et d'Henriette Le Grand de Vaux.

M. de Tesson de Monteille figure sur le procès-verbal de l'Assemblée générale des trois états du bailliage de Rouen des 15-23 avril 1789 (p. 90 du Catalogue).

Julien-Jean Tesson figure aussi sur la Liste générale des Emigrés, à la date du 1er août 1792, comme ayant eu son dernier domicile connu à Lisieux et ses biens situés à Monteille et au Mesnil-Mauger (1), dans le département du Calvados, district de Lisieux; mais il est probable qu'au lieu d'émigrer, il se cacha prudemment pendant quelque temps pour rentrer de bonne heure avec sa famille au Mont-de-la-Vigne.

Il eut de sa troisième femme quatre enfants, deux fils et deux filles, tous nés à Paris, paroisse Saint-Paul :

1° XI. — ALEXANDRE-FRANÇOIS, comte de Tesson (1781-1859), Garde-du-Corps de Louis XVIII, marié à Lisieux, le 4 juillet 1836, à Marie-Célinie de la Boullaye d'Emanville, âgée de 26 ans, fille de feu Louis-Michel-Amand-Lucien de la Boullaye d'Emanville et de Marie-Rosalie Thibout de Mongeron. Ils n'eurent qu'une fille :

XII. — Louise-Marie-Alexandrine (1838-1896), unie à Monteille, le 3 janvier 1859, à Louis-Alphonse Subtil de Franqueville, de Tournebu (2), fils de feu Louis-Achille Subtil de Franqueville et d'Anna de Tesson, cousine-germaine de la mariée, comme on le verra plus loin.

2° XI. — ANNE-HENRIETTE, mariée à Monteille, le 17 Brumaire an XI, ou 8 novembre 1802, à Louis-Marie-Eugène d'Angerville, né et domicilié à Douville (3), fils de feu Thomas-Robert-Nicolas d'Angerville et d'Augustine-Marie-Anne-Lucie d'Auray de Saint-Pois.

3° XI. — ADRIEN-CHARLES-GERMAIN de Tesson (1783-1860),

---

(1) Le Mesnil-Mauger, commune voisine de celle de Monteille, dans le canton de Mézidon, arrondissement de Lisieux (Calvados).

(2) Tournebu, canton de Thury-Harcourt, arrondissement de Falaise (Calvados).

(3) Douville, commune voisine de celle d'Angerville, dans le canton de Dozulé, arrondissement de Pont-l'Evêque (Calvados).

chevalier de Malte, marié à Falaise, le 27 avril 1816, à Susanne de Costart, de Méry-Corbon (1), fille de François-Claude, comte de Costart, et de Marie-Rose-Gaspardine de Robillard-Bréveaux. — Ils eurent pour enfants trois filles :

XII. — Anna, mariée le 16 août 1835, à Saint-Laurent-du-Mont (2), où son père habitait le château de la Bonnevallière, à Louis-Achille de Subtil-Franqueville, né à Martainville (3), domicilié à Tournebu, fils de Jean-François de Subtil-Franqueville et de Louise-Félicité de Subtil-Martainville.

XII. — Adrienne, mariée à Saint-Laurent-du-Mont, le 10 avril 1836, à Victor-Albert d'Agier, né et domicilié au Mesnil-Touffray (4), fils de Louis-Henri d'Agier et de Rosalie-Adrienne-Caroline de Dramard.

XII. — Marie-Claudine, mariée à St-Laurent-du-Mont, le 7 avril 1839, à Jean-Ferdinand Le Courtois du Manoir, né et domicilié à Saint-Contest, près Caen, veuf sans enfants de Marie-Clémentine de Baudre, fils de feu François-Ferdinand Le Courtois du Manoir et de feue Victoire Chemin.

4° XI. — Sophie-Marie, mariée à Monteille, le 20 juillet 1812, à Jacques-Adélaïde-Julien Marye de la Quaize, né à Falaise, domicilié à Bretteville-sur-Dives (5), fils de feu Jacques Marye de la Quaize et de feue Marie-Françoise-Charlotte-Renée Le Chevalier.

CHASSEGUEY

Tome XI des *Mémoires*, p. 473

P. 474 : « En 1718, Louise Dully, veuve de David Gosselin,

---

(1) Méry-Corbon, canton de Mézidon, arrondissement de Lisieux (Calvados).

(2) Saint-Laurent-du-Mont, canton de Mézidon, arrondissement de Lisieux (Calvados).

(3) Martainville, commune voisine de celle de Tournebu, dans le canton de Thury-Harcourt, arrondissement de Falaise (Calvados).

(4) Le Mesnil-Touffray, ancienne commune, n'est plus qu'un simple village de celle de Barbery, dans le canton de Bretteville-sur-Laize, arrondissement de Falaise (Calvados).

(5) Bretteville-sur-Dives, canton de Saint-Pierre-sur-Dives, arrondissement de Lisieux (Calvados).

» sieur de Martigny, contestait à Jean de Saint-Gilles, seigneur
» de Fontenay, Navetel et Chasseguey, le droit de patronage
» et de présentation à la cure de Chasseguey. »

Et p. 475-76 : « René Gilles, chapelain de Saint-Germain à
» la cathédrale d'Avranches, présenté le 31 décembre 1718 par
» Jean de Saint-Gilles, seigneur et patron présentateur de Fon-
» tenay, Navetel, Chasseguey, tant en son nom qu'au nom de
» son fils Jean-Guy de Saint-Gilles, et Louis Michel, vicaire du
» Buat, présenté dès le mois d'août précédent par noble dame
» Louise Dully, veuve de David Gosselin, seigneur de Marti-
» gny, et par demoiselle Catherine-Susanne de Gosselin sa fille
» aînée, tant en son nom qu'au nom de sa sœur Louise-Marthe
» de Gosselin, dame de Chasseguey, se disputèrent la cure après
» le départ de Julien Couëtil. Louis Michel mourut le 13 mars
» 1721. Quelques semaines après, la dame de Gosselin présenta
» Gilles Pallix, qui mourut presque aussitôt, et madame de
» Gosselin présenta de nouveau Ouen Hamelin, le 20 juillet
» 1721. Mais René Gilles paraît avoir tenu le poste pendant au
» moins quelque temps. »

Ladite Catherine-Susanne de Gosselin avait épousé, le 8 août
1718, au Mesnil-Bœufs, Jean-Jacques Tesson, seigneur de cette
paroisse où nous les trouvons ainsi désignés dans les anciens
registres, comme parrain et marraine, dans un baptême, le
23 mai 1720 :

Jean-Jacques Tesson, seigneur du Mesnil-Bœufs, et Catherine-Susanne de Gosselin, noble dame du Mesnil-Bœufs, Martigny et *Chasseguey* et autres lieux.

P. 474 et 475, l'abbé Masselin dit que la seigneurie de Chasseguey passa avant 1740 dans la famille de Vauborel d'Ericq,
ce qui pourrait faire croire que cette seigneurie appartînt à une
branche des Vauborel.

Les derniers seigneurs de Chasseguey ont été Pierre
Dericq et ses deux fils : Jean-François-Pierre et Emmanuel-
Alexandre-André-Victor (1). Ce dernier, né en 1740, épousa

____

(1) Cf. *Nicolas Dericq et sa famille* par E. Lesens, p. 15 à 18, avec la
note 1 de la page 17, extraite de l'article sur Chasseguey par M. Hipp.
Sauvage, paru dans l'Annuaire de la Manche de 1883, p. 42.

Charlotte-Joséphine de la Chambre de Vauborel, veuve en 1789.

De ce mariage est issue : Eudoxie-Caroline Dericq, mariée à Charles-Amédée-Madeleine de Verdun, né à Bréal (Ille-et-Vilaine), le 21 janvier 1793, mort à Avranches, le 26 janvier 1880, fils de Charles-René de Verdun, dernier seigneur de Barenton, au château de Passais, et de Jeanne-Louise de Lorgeril (unis à Parigny, le 3 avril 1779).

C'est par suite de cette alliance que le château de Chasseguey passa dans la famille de Verdun qui le possède encore.

LE MESNIL-THÉBAULT

Revue de l'Avranchin, TOME VII, P. 297

P. 299. — « Ce d'Autheville (René) était venu du Maine,
» où sa famille avait longtemps habité le vieux château d'Au-
» theville, dans la paroisse de Chauchigné.

» On montre encore le cimetière de ce protestant, dont
» Henri IV avait fait un gentilhomme ordinaire de sa chambre,
» mais qui n'avait aucun titre de noblesse. Aussi Roissy, en
» parlant de René d'Autheville et de ses fils, se contente de
» dire : « Sont tenus pour nobles ». Le premier acte où l'on
» voit le titre d'écuyer donné à René d'Autheville est de 1611 :
» Lots des cinq fils de René d'Autheville, écuyer (1611). »

Ceci est extrait de la page 402 des *Annales* de l'abbé Desroches, l'infaillible, qu'il n'est pas difficile de prendre en contradiction avec lui-même. Il suffit de remonter à la page 365 où il cite un papier, daté de l'an 1568, qui porte : « Délibération pour le mariage de Françoise de Brécey avec René d'Auteville, ESCUYER, seigneur du Regal ».

Voici l'article d'Auteville dans la Recherche de Roissy :

« René d'Auteville, s^r du Regal et Genestaye gentilhomme de la Chambre du roy, dem^t au Mesnil Thiebault, Serg.-Corbelin, Elec. de Mortain, Jacques, Isaac Gédéon Paul, Gabriel et Daniel, ses fils tenus pour nobles. »

De ce que Roissy déclare que les d'Auteville sont tenus pour nobles, en conclure maintenant qu'ils ne l'étaient pas à cette époque, nous semble une bien singulière et fausse interprétation. Il est vrai que sa formule habituelle était : veu leurs titres, jouiront.

Voir notre *Armorial*, p. 129, n° 15.

P. 300 : « En 1667, on trouve contrat de mariage de Jean » d'Autheville, écuyer, seigneur des Genêtais, et d'Elisabeth » Fouquet. »

Il faut lire 1671 et Pouquet. Voir *Armorial*, p. 165, n° 23.

<center>~~~~~~</center>

APPENDICE

Note pour la Branche aînée du Buat, cinquième §

Les registres paroissiaux de La Mancellière pour les baptêmes, font voir qu'aux dates des 5 mars 1606, 6 mai et 14 avril 1607, le sieur de Lazeraye était François Abraham, paroissien de Montgothier, dont René Abraham était seigneur, le 10 juin 1639. Dès le 26 mars 1576, Guillaume Abraham était titulaire de cette seigneurie et de celle du fief au Cocq en La Mancellière, M. M. p. 47 (voir aussi p. 34, 35 et 158). Nous avons trouvé des alliances de cette famille Abraham avec celles des de la Broïse, du Buat, Le Gager, du Mesnil, Payen, Tesson et de Vauborel.

L'abbé Masselin a omis de citer les Abraham au nombre des seigneurs de Montgothier dans sa Monographie de cette paroisse, p. 455 du Tome XI des *Mémoires*.

ALFRED DE TESSON,
Capitaine de Frégate en retraite.

TABLE

DES

PAROISSES

Imprimerie Avranchinaise de Jules Durand, rue Boudrie, 2, Avranches.